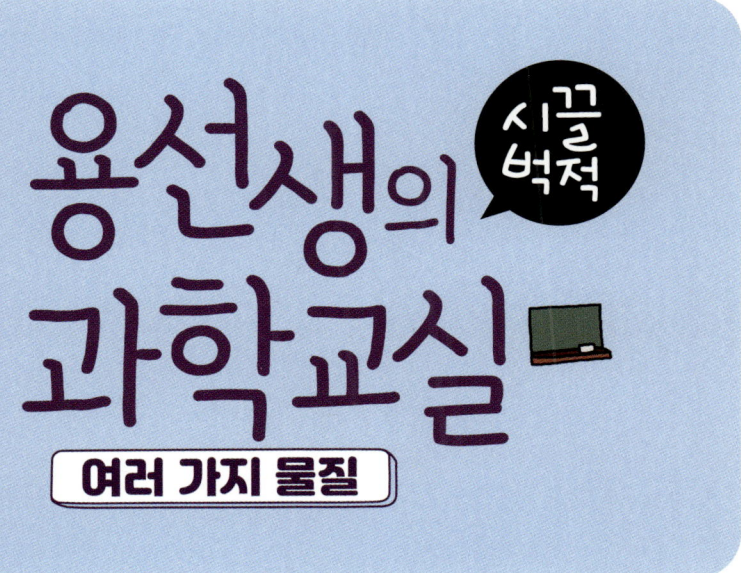

용선생의 시끌벅적 과학교실
여러 가지 물질

사회평론

글 사회평론 과학교육연구소
대학에서 오랫동안 과학을 연구한 전문가들이 모여, 우리 아이들이 쉽고 재미있게 공부할 수 있는 책을 만들고 있습니다.

글 이명화 (사회평론 과학교육연구소 연구원)
서울대학교 물리교육과를 졸업하고 같은 대학교 대학원에서 석사, 박사 학위를 받았습니다. 10여 년간 중학교에서 과학을 가르쳤으며, 미국 아리조나 주립대에서 물리학으로 박사 학위를 받고 독일, 미국, 영국에서 연구원으로 근무하였습니다. 쉽고 재미있는 과학책을 쓰는 일에 관심을 갖고 있으며, 현재 사회평론 과학교육연구소 연구원으로 과학책을 만들고 있습니다.

글 김형진 (사회평론 과학교육연구소 연구원)
연세대학교 천문대기과학과를 졸업하고 같은 대학교 대학원에서 석사, 박사 학위를 받았습니다. 과학자를 꿈꾸는 아이들에게 올바른 과학 개념과 과학적 태도를 함께 키울 수 있는 방법을 전달하기 위해 노력하고 있습니다. 현재 사회평론 과학교육연구소 연구원으로 과학책을 만들고 있습니다.

글 설정민 (사회평론 과학교육연구소 연구원)
서울대학교 생물학과를 졸업하고 같은 대학교 대학원에서 석사 학위를 받은 뒤 박사 과정을 수료하였습니다. 아이에게 과학을 쉽고 재미있게 얘기해 주려 노력하다 보니 어린이를 위한 책을 만드는 일에도 관심을 가지게 되었습니다. 현재 사회평론 과학교육연구소 연구원으로 과학책을 만들고 있습니다.

그림 김인하
시각디자인을 전공하고 1999년 월간지에 만화를 연재하며 작품 활동을 시작하였습니다. 《건방진 우리말 달인》, 《똑똑한 어린이 대화법》 등에 그림을 그렸습니다. 이 책을 읽는 어린이들의 밝은 미래를 기원합니다.

그림 뭉선생
2004년 LG 동아 국제만화 공모전에 입상하며 작품 활동을 시작했습니다. 그린 책으로 《조지의 우주를 여는 비밀 열쇠》 시리즈, 《용선생 만화 한국사》 시리즈, 《용선생 처음 한국사》 시리즈, 《용선생 처음 세계사》 시리즈 등이 있습니다.

그림 윤효식
2002년 《소년 챔프》에 〈신검〉으로 데뷔하여 어린이에게 유익한 학습 만화를 그리고 있습니다. 그린 책으로 《마법천자문 사회원정대》 시리즈, 《용선생 만화 한국사》 시리즈, 《용선생 처음 한국사》 시리즈, 《용선생 처음 세계사》 시리즈 등이 있습니다.

감수 노석구
서울대학교 화학교육과를 졸업하였으며 같은 대학교 대학원에서 석사, 박사 학위를 받았습니다. 한국교육개발원 연구원을 거쳐 현재 경인교육대학교 과학교육과 교수로 재직 중입니다. 집필한 책으로 《초등과학 교수 학습 지도안 작성을 위한 수업컨설팅》, 《놀이를 활용한 신나는 교실 수업》 외 다양한 과학 교과서와 지도서 등이 있습니다.

캐릭터 이우일
홍익대학교에서 시각디자인을 공부한 만화가입니다. 그림책 작가인 아내 선현경, 딸 은서, 고양이 카프카와 함께 그림을 그리고 글을 쓰며 살고 있습니다. 지은 책으로 《우일우화》, 《옥수수빵파랑》, 《좋은 여행》, 《고양이 카프카의 고백》 등이 있고, 그린 책으로 《노빈손》 시리즈, 《용선생의 시끌벅적 한국사》 시리즈, 《교양으로 읽는 용선생 세계사》 시리즈 등이 있습니다.

용선생의 과학교실

시끌벅적

여러 가지 물질

글 사회평론 과학교육연구소 | 그림 김인하·뭉선생·윤효식 | 감수 노석구 | 캐릭터 이우일

연필심으로 다이아몬드를 만드는 방법은?

사회평론

프롤로그

여러분, 안녕? 과학반을 맡은 용선생이야. 내 명성은 익히 들어 봤겠지? 역사반과 세계사반을 모두 훌륭하게 성공시키며 방과 후 교실 최고의 인기 교사가 된 그 용선생이란다. 교장 선생님께서 특별히 부탁하셔서 이번에는 과학반을 맡게 되었어. 어찌나 사정을 하시던지 도무지 거절할 수가 없었지 뭐야. 그래서 이 몸이 깜짝 놀랄 수업을 준비했단다.

우리의 수업은 언제나 질문과 함께 출발해. 세상을 둘러보다가 누군가 "저건 왜 그래요?" 하고 질문하면 바로 그 순간 수업이 시작되는 거지. 이제부터 용선생의 시끌벅적 과학교실을 제대로 즐기는 방법을 하나씩 알려 줄게.

첫째, 과학반 친구들과 함께 호기심을 갖고 질문해 봐. 과학을 어렵게만 생각하지 말고, 매 교시마다 아이들이 어떤 호기심을 가지는지 관심을 가져 봐. 과학반 친구들과 함께 '왜 그럴까?', '어떻게 알아낼 수 있을까?' 고민하다 보면 어렵던 과학도 쉽게 느껴질 거야.

둘째, 어려운 내용은 사진과 그림으로 이해해 봐. 어려운 과학 개념과 원리를 한 장의 사진이나 그림을 통해 단숨에 이해할 수도 있어. 그래서 너희를 위해 사진과 그림을 많이 준비했단다. 글을 읽다가 어렵다 싶으면 옆에 있는 사진과 그림을 봐. 잘 이해되지 않던 내용이 틀림없이 술술 이해될 거야.

셋째, 배운 내용을 되새기며 머릿속에 정리해 봐. 왁자지껄한 수업을 마치고 나면 뭘 배웠는지 정리가 안 될 때도 있을 거야. 그럴 때를 대비해 중간중간 핵심 정리를 준비했어. 또 배운 내용을 4컷 만화로 재미있게 요약해 두었지. 게다가 교시가 끝날 때마다 나선애의 정리노트도 마련했단다. 이 정도면 학습 정리는 문제없겠지?

과학은 분야도 다양하고 배울 내용도 아주 많아. 쉽게 이해할 수 있는 부분도 있지만, 여러 번 곰곰이 생각해 봐야 알 수 있는 부분도 있지. 이 책을 여러 번 다시 읽다 보면 구석구석 빠짐없이 모두 이해될 거야.

자, 이제 용선생의 시끌벅적 과학교실을 제대로 즐길 준비가 됐겠지? 그럼 신나는 수업을 시작해 볼까?

차례 | 여러 가지 물질

1교시 | 원소와 원자

세상은 무엇으로 이루어졌을까?

물체는 무엇으로 만들어졌을까? … 13
물질은 무엇으로 이루어졌을까? … 15
물질을 계속 나누면? … 19

나선애의 정리노트 … 22
과학퀴즈 달인을 찾아라! … 23
용선생의 과학 카페 … 24
  - 우리 주변의 원소를 찾아라!

교과연계
초 3-1 물질의 성질 | 중 2 물질의 구성

2교시 | 원자의 구조

원자는 무엇으로 이루어졌을까?

원자를 이루는 입자의 정체는? … 28
원자핵은 누가 발견했을까? … 31
원자의 종류가 달라지면? … 33

나선애의 정리노트 … 36
과학퀴즈 달인을 찾아라! … 37

교과연계
초 3-1 물질의 성질 | 중 2 물질의 구성 |
중 2 전기와 자기

3교시 | 금속

강철로 다리를 만드는 까닭은?

금속은 어떤 성질을 가질까? … 40
금속이 특별한 성질을 갖는 까닭은? … 43
금속의 성질을 쓰기 좋게 바꾸는 방법! … 45

나선애의 정리노트 … 52
과학퀴즈 달인을 찾아라! … 53
용선생의 과학 카페 … 54
  - 금속의 두 얼굴!

교과연계
초 3-1 물질의 성질 | 초 6-2 전기의 이용 |
중 2 물질의 구성 | 중 2 전기와 자기

4교시 | 플라스틱

비닐봉지도 플라스틱일까?

플라스틱은 어떤 성질을 가질까? … 59
플라스틱에는 어떤 종류가 있을까? … 62
플라스틱을 재활용해야 하는 까닭! … 66

나선애의 정리노트 … 70
과학퀴즈 달인을 찾아라! … 71
용선생의 과학 카페 … 72
  - 페트병으로 옷을 만든다고?

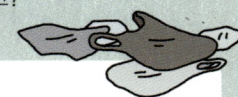

교과연계
초 3-1 물질의 성질 | 중 2 물질의 구성

6교시 | 나노 물질

나노 물질은 어떤 물질일까?

나노란 무엇일까? … 93
나노 과학의 도구! … 96
나노 과학은 어디에 쓰일까? … 99

나선애의 정리노트 … 104
과학퀴즈 달인을 찾아라! … 105

교과연계
초 3-1 물질의 성질 | 중 2 물질의 구성 |
중 3 과학기술과 인류 문명

5교시 | 탄소 소재 물질

연필심과 다이아몬드의 공통점과 차이점은?

연필심과 다이아몬드를 이루는 원소는? … 76
원소는 같아도 성질은 달라! … 80
탄소로 이루어진 새로운 물질! … 82

나선애의 정리노트 … 86
과학퀴즈 달인을 찾아라! … 87
용선생의 과학 카페 … 88
  - 탄소 나노 튜브와 그래핀의 모든 것!

교과연계
초 3-1 물질의 성질 | 중 2 물질의 구성 |
중 3 과학기술과 인류 문명

가로세로 퀴즈 … 106
교과서 속으로 … 108

찾아보기 … 110
퀴즈 정답 … 111

등장인물

용쓴다 용써!
용선생

- 체력 ★★★
- 지력 ★★★★★
- 감성 ★★★
- 호기심 ★★★★★
- 유머 ★★

열정이 가득한 과학 선생님. 하늘을 향해 거침없이 솟은 머리카락과 삐죽삐죽한 수염이 매력 포인트. 생생한 과학 수업을 하기 위해 물불을 가리지 않는다.

장하다 장해!
장하다

- 체력 ★★★★★
- 지력 ★
- 감성 ★★★
- 호기심 ★★★★★
- 유머 ★★★★★

'튼튼하게만 자라 다오.'라는 아버지의 소원대로 튼튼하게 자랐다. 성격은 일등, 성적은 비밀이다. 시험을 못 봐도 씩씩하고, 엉뚱한 질문으로 수업에 활력을 준다.

오늘도 나선다!
나선애

- 체력 ★★★★
- 지력 ★★★★
- 감성 ★★★
- 호기심 ★★★★★
- 유머 ★★★

과학자를 꿈꾸는 우등생. 공부도 잘하고 아는 게 많아서 모든 일에 앞장서는 타입이다. 겉으로는 차가워 보이지만 내심 따뜻한 면도 가지고 있다. 전혀 티가 안 나서 그렇지.

잘난 척 대장
왕수재

- 체력 ★★★
- 지력 ★★★★
- 감성 ★
- 호기심 ★★★★★
- 유머 ★

세상에서 자기가 제일 잘난 줄 안다. '천재는 외로운 법이고 질투의 대상인 법'이라나. 친구들에게 깐족거리는 데에도 천재적이다. 그래도 수업에는 늘 적극적으로 참여한다.

낭만 가득
허영심

체력 ★★★★★
지력 ★★★
감성 ★★★★★
호기심 ★★★★
유머 ★★

감성이 풍부해도 너무 풍부하다. 떨어지는 낙엽이나 밤하늘의 별을 보며 눈물짓고, 조그만 벌레와 대화를 나누는 사차원 성격. 하지만 누구보다 정이 많고 낭만적이다.

과학반 귀염둥이
곽두기

체력 ★★★
지력 ★★★★
감성 ★★★★
호기심 ★★★★★
유머 ★★★★

형과 누나들의 귀여움을 독차지하는 과학반 막내. 나이도 가장 어리고 타고난 동안이라 언뜻 보면 유치원생 같다. 훈장 할아버지 덕에 어려운 단어를 줄줄 꿰고 있다.

우리를 찾아봐!

원자핵
원자의 중심에 있는 입자야. (+)전하를 띠고, 원자 질량의 대부분을 차지해.

전자
원자핵 주위를 움직이는 입자야. (-)전하를 띠고, 원자핵보다 훨씬 가벼워.

흑연
탄소로 이루어진 물질로, 매우 무르고 전기가 통해. 연필심을 만드는 데 쓰여.

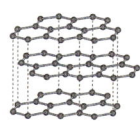

다이아몬드
탄소로 이루어진 물질로, 매우 단단하고, 전기가 통하지 않아. 보석으로 쓰여.

풀러렌
탄소로 이루어진 나노 물질로, 축구공 모양이야. 태양 전지에 쓰여.

연잎
연꽃의 잎이야. 표면의 나노 돌기로 비가 온 뒤에도 보송보송하고, 늘 깨끗한 상태를 유지해.

"난 물!"

"난 불!"

"그럼 난 공기!"

"헉, 그럼 내가 흙이야? 난 흙 싫은데……."

곽두기가 실망스러운 표정을 지었다.

"너희 뭐 하는 거야? 뭐가 물, 불, 공기, 흙인데?"

나선애가 책을 읽다 말고 고개를 들며 물었다.

"인터넷에서 봤는데, 이 세상 모든 게 물, 불, 흙, 공기로 이루어졌대. 그래서 그걸로 역할 놀이를 하려고."

"뭐? 그 네 가지로 세상 모든 게 만들어졌다고? 그게 말이 되니?"

"그치? 내 생각에도 좀 이상하긴 해. 이따 용선생님께 사실인지 여쭤봐야겠다!"

 ## 물체는 무엇으로 만들어졌을까?

"선생님, 우리 주변의 모든 것들이 물, 불, 흙, 공기로 이루어졌다는 게 사실이에요?"

용선생이 교실에 들어서자마자 왕수재가 물었다.

"아주 오래전에는 사람들이 그렇게 생각했어. 세상 모든 물질이 물, 불, 흙, 공기로 이루어졌다고 말이야."

"예전에요? 그럼 지금은 아니라는 거네요?"

용선생이 "맞아." 하며 고개를 끄덕였다.

"그게 아니면 뭔데요?"

"물질이 무엇으로 이루어졌는지 알아보기 전에 물질이 무엇인지부터 알아보자."

그러자 장하다가 기다렸다는 듯이 말했다.

"오, 좋아요! 사실 저는 물질이 뭔지 정확히는 잘 몰라요. 물체는 알지만요, 헤헤!"

"그럼 물체에 어떤 것들이 있는지 말해 볼래?"

"책상하고 의자요!"

"지우개랑 가위도 있어요!"

"책상, 의자, 지우개, 가위에는 공통점이 있어. 모두 어떤 모양이 있고, 공간을 차지하고 있다는 거지. 이처럼 모양

물체! 물질?

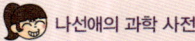

나선애의 과학 사전

물체 만물 물(物) 몸 체(體). 모양이 있고 공간을 차지하는 것을 말해.

물질 만물 물(物) 바탕 질(質). 물체의 본바탕, 물체를 만드는 재료를 말해.

이 있고 공간을 차지하는 것을 물체라고 해. 필통, 연필, 풍선, 바구니, 장갑도 모두 물체야."

"오호, 주변에 있는 것들이 온통 물체군요!"

"물질은 물체를 만드는 재료를 말해. 유리컵은 유리라는 물질로 만들어진 물체야. 종이봉투는 종이라는 물질로 만들어진 물체이지. 지우개는 고무로 만들어졌으니까……."

"아하, 고무는 물질, 지우개는 물체겠네요!"

▲ 유리컵을 이루는 물질은 유리야.   ▲ 종이봉투를 이루는 물질은 종이야.   ▲ 지우개를 이루는 물질은 고무야.

용선생이 고개를 크게 끄덕이자 허영심이 물었다.

"선생님, 풍선도 고무로 만들죠?"

"생각해 보니 고무장갑도 고무로 만들어요!"

곽두기가 이마를 탁 치며 말했다.

"맞아. 이처럼 같은 물질로 서로 다른 물체를 만들 수 있어. 반대로 서로 다른 물질로 같은 종류의 물체를 만들기도 해. 유리, 도자기, 플라스틱, 금속 등 다양한 물질로 컵을 만드는 것처럼 말이야."

"맞아요! 종이로 된 종이컵도 있어요."

"물질의 종류는 이외에도 많아. 빵은 밀가루, 축구공은 가죽, 옷은 섬유로 만들어졌으니까 밀가루, 가죽, 섬유도 물질이지."

 ▲ 빵, 축구공, 옷을 이루는 물질은 각각 밀가루, 가죽, 섬유야.

핵심정리

모양이 있고 공간을 차지하는 것을 물체라고 해. 물체를 만드는 재료는 물질이라고 하지. 물질의 종류에는 유리, 고무, 종이, 도자기, 플라스틱, 금속, 가죽, 섬유 등이 있어.

물질은 무엇으로 이루어졌을까?

"우리 주변의 물체는 이처럼 다양한 물질로 이루어졌는

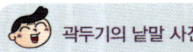

곽두기의 낱말 사전

성분 이룰 성(成) 나눌 분(分). 어떤 것의 한 부분을 말해.

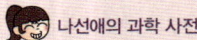

나선애의 과학 사전

분해 나눌 분(分) 풀 해(解). 한 종류의 물질을 두 가지 이상의 간단한 물질로 나누는 걸 말해.

데, 물질은 다시 몇 가지 성분으로 이루어졌어. 더는 다른 물질로 분해되지 않으면서 물질을 이루는 기본 성분을 '원소'라고 하지. 세상 모든 물질은 원소로 이루어졌단다."

"원소요? 원소에는 어떤 것들이 있어요?"

"수소, 산소, 탄소, 질소, 구리, 금, 은……."

용선생의 말이 채 끝나기도 전에 왕수재가 물었다.

"물, 불, 흙, 공기도 원소예요?"

"아니야. 하지만 아주 오래전에는 사람들이 그렇게 생각했어. 가장 대표적인 사람이 고대 그리스의 철학자 아리스토텔레스야. 아리스토텔레스는 모든 물질이 물, 불, 흙, 공기 단 네 가지 성분으로 이루어졌다고 생각했어. 사람들은 2,000년 가까이 아리스토텔레스의 생각이 옳다고 믿었단다."

"헉! 2,000년이나요?"

"그래. 아리스토텔레스는 그 당시 최고로 인정받는 학자였거든. 그런데 1600년대 영국의 과학자 보일은 아리스토텔레스와 다른 주장을 했어. 원소의 종류에는 그 네 가지만 있는 게 아니고, 실험을 했을 때 두 가지 이상의 다른 물질로 나누어지지 않으면 모두 원소라고 했지."

▲ 아리스토텔레스 (기원전 384년 ~기원전 322년)

물질을 이루는 기본 성분은 물, 불, 흙, 공기야.

더 이상 분해되지 않으면 원소야.

▲ 로버트 보일 (1627년~1691년)

"아까 선생님이 말씀하신 것과 비슷하네요?"

"그렇단다. 아리스토텔레스의 생각이 틀렸다는 걸 결정적으로 증명한 사람은 프랑스의 과학자 라부아지에야. 라부아지에는 1784년 물이 수소와 산소로 분해된다는 걸 실험으로 알아냈어. 물이 다른 물질로 나누어지니까 물이 기본 성분이라는 아리스토텔레스의 생각이 틀렸다는 게 증명된 거지."

▲ 앙투안 라부아지에 (1743년~1794년)

"물이 원소가 아닌 건 분명하네요!"

"라부아지에는 실험 결과를 바탕으로 수소와 산소를 포함한 33종의 원소를 정리하여 발표했어. 라부아지에가 발표한 33종의 원소 중에는 오늘날 원소가 아닌 것으로 밝혀진 것도 있어. 어떤 것들은 그 당시의 실험 기술로는 분해할 수 없었지만, 오늘날에는 분해할 수 있게 되었거든."

 용선생의 과학 현미경

예를 들어 빛, 열, 산화 알루미늄, 산화 칼슘, 이산화 규소 등이 있어. 빛과 열은 물질이 아니고, 산화 알루미늄, 산화 칼슘, 이산화 규소는 두 가지 원소로 이루어진 물질이야.

"그럼 원소의 종류는 33개보다 적겠네요?"

"그 반대야. 라부아지에의 실험 이후에도 과학자들이 계속 새로운 원소를 발견해서 지금까지 알려진 원소의 종류는 모두 118가지란다."

"와, 지금은 100가지가 넘는군요!"

"세상의 모든 물질이 118가지의 원소로 이루어졌다니

 용선생의 과학 현미경

2016년 대한화학회에서 발표한 바에 따르면 118가지의 원소가 발견됐어. 이 중 90여 가지는 자연에서 발견된 것이고, 나머지는 사람이 만들어낸 것이야.

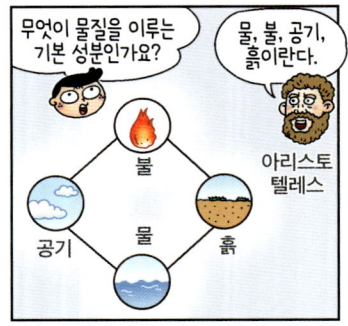

신기해요!"

"너희가 아는 물질이 어떤 원소로 이루어졌는지 한번 살펴볼까?"

용선생은 화면에 사진을 띄웠다.

▲ 물질을 이루는 여러 가지 원소

"한 종류의 원소로 이루어진 물질도 있고, 여러 종류의 원소로 이루어진 물질도 있네요!"

"그렇단다."

 핵심정리

더 이상 다른 물질로 분해되지 않으면서 물질을 이루는 기본 성분을 원소라고 해.

물질을 계속 나누면?

용선생이 화면을 바꾸며 말을 이었다.

"이 사진을 한번 보렴. 금의 표면을 성능이 매우 좋은 현미경으로 관찰한 모습이야."

아이들이 앞으로 모여들었다.

"동그란 것들이 줄지어 있네요?"

"금을 이루고 있는 입자야. 입자는 아주 작은 알갱이란 뜻이지. 금뿐 아니라 구리, 설탕, 소금 등 모든 물질은 이처럼 입자로 이루어져 있어."

"모든 물질이라고요? 물이나 알코올도요?"

허영심이 어리둥절한 표정으로 물었다.

"그래. 물, 알코올, 공기 등 세상의 모든 물질은 입자가 모여 이루어진 거야. 물질을 이루는 기본 입자를 원자라고 한단다."

"원소, 원자…… 좀 헷갈려요."

장하다가 머리를 긁적이며 말했다.

"원자는 물질을 이루는 기본 입자 하나하나를 말하는 거고, 원소는 원자의 종류를 나타낸다고 생각하면 돼. 예를 들어 볼게. 이 그림을 보렴."

▲ 금의 표면

용선생의 과학 현미경

모든 물질이 원자로 이루어졌다는 이론을 처음 세운 사람은 영국의 과학자 돌턴(1766년~1844년)이야.

존 돌턴

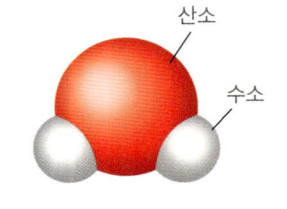

▲ 물 입자

▲ 이산화 탄소 입자

용선생이 화면에 그림을 띄웠다.

"이건 물을 이루는 입자를 나타낸 거야. 입자 하나하나가 원자니까, 물 입자는 원자 몇 개로 이루어졌지?"

"수소 원자가 둘, 산소 원자가 하나! 원자 세 개로 이루어졌어요!"

"맞아. 그럼 물 입자는 몇 가지 원소로 이루어졌지?"

"수소와 산소, 원소는 두 가지뿐이네요!"

"그렇지! 이번에는 이산화 탄소 입자를 이루는 원자와 원소에 대해 말해 볼래?"

"이산화 탄소는 탄소 원자 하나, 산소 원자 둘…… 이산화 탄소도 원자 세 개로 이루어졌네요!"

"원소는 산소, 탄소 두 가지예요."

"이제 원소와 원자가 어떻게 다른지 확실히 알겠지?"

용선생의 말에 장하다가 고개를 세차게 끄덕였다. 그때 왕수재가 손을 번쩍 들고 물었다.

"원자는 크기가 얼마나 돼요?"

곽두기가 재빨리 말했다.

"눈으로는 볼 수 없으니까 엄청 작을 것 같아요!"

"맞아. 원자 중에 크기가 가장 작은 원자는 수소 원자야. 수소 원자 1억 개를 한 줄로 늘어놓아도 그 길이가

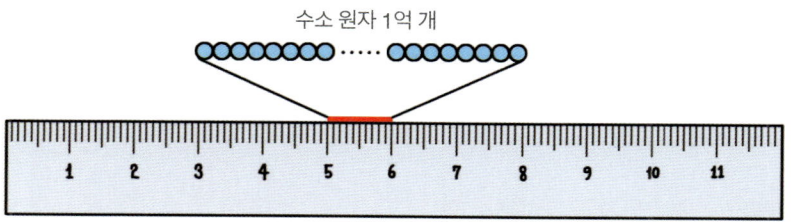

▲ 수소 원자 1억 개를 늘어놓으면 그 길이가 1 cm 정도야.

1 cm(센티미터)밖에 되지 않아. 다른 원자들도 마찬가지로 이처럼 크기가 작단다."

"헉! 원자 1억 개를 늘어놓아도 1 cm밖에 안 된다고요? 와, 원자는 상상이 안 될 정도로 작네요!"

왕수재가 혀를 내두르며 말했다.

"이렇게 작은 원자를 알아내다니, 과학자들은 참 대단한 거 같아요!"

"저도 나중에 커서 물질의 비밀을 파헤치는 훌륭한 과학자가 되고 싶어요!"

나선애가 두 손을 모으며 말했다.

"선애는 꼭 그렇게 될 거야!"

용선생의 말에 나선애가 환한 미소를 지었다.

 핵심정리

세상의 모든 물질은 입자로 이루어져 있어. 물질을 이루는 기본 입자를 원자라고 해. 원자는 크기가 매우 작아서 수소 원자 1억 개를 늘어놓아도 그 길이가 1 cm밖에 되지 않아.

나선애의 정리노트

1. 물체와 물질

① ⓐ : 모양이 있고 공간을 차지하는 것
　예) 책상, 의자, 필통, 연필, 지우개, 가위 등

② ⓑ : 물체를 만드는 재료
　예) 유리, 고무, 종이, 도자기, 플라스틱, 금속, 가죽, 섬유 등

③ 같은 물질로 서로 다른 물체를 만들 수 있음.
　예) 고무로 고무지우개, 고무장갑, 고무풍선 등을 만듦.

④ 서로 다른 물질로 같은 종류의 물체를 만들 수 있음.
　예) 유리, 도자기, 플라스틱, 금속, 종이 등으로 컵을 만듦.

2. 원소와 원자

① ⓒ : 더 이상 분해되지 않으면서 물질을 이루는 기본 성분
　• 원소에는 수소, 산소, 탄소, 질소, 구리, 금 등이 있음.
　• 물은 수소와 산소로 분해되므로 원소가 아님.

② ⓓ : 물질을 이루는 기본 입자
　• 크기가 매우 작아서 수소 원자 1억 개를 늘어놓은 길이가 1cm밖에 되지 않음.

ⓐ 물체 ⓑ 물질 ⓒ 원소 ⓓ 원자

과학퀴즈 — 달인을 찾아라!

●정답은 111쪽에

01

친구들이 이번 시간에 배운 내용에 대해 이야기하고 있어. 옳으면 O, 옳지 않으면 X를 표시해 줘.

① 원소는 더 이상 다른 물질로 분해되지 않아. (　　)
② 원자는 물질을 이루는 기본 입자야. (　　)
③ 물은 원소야. (　　)

02

장하다가 교실에서 간식 상자를 발견했는데 비밀번호를 알아야 상자를 열 수 있대. 비밀번호는 힌트 속 □에 들어갈 숫자를 순서대로 이어서 만들면 된대. 장하다가 간식 상자를 열 수 있게 도와줘.

> 힌트1　물 입자는 □가지 원소로 이루어졌어.
> 힌트2　물 입자는 수소 원자 □개와 산소 원자 □개로 이루어졌어.
> 힌트3　물 입자는 모두 □개의 원자로 이루어졌어.

▲ 물 입자

👍 알았다! 비밀번호는 □□□□ (이)야!

용선생의 과학 카페 | 용선생의 한국사 카페 | 용선생의 세계사 카페 | ⊕

← https://cafe.naver.com/yongyong

용선생의 과학 카페

과학계의 핵인싸,
용선생의 과학 카페에
오신 걸 환영합니다.

[Log in]

오늘은 어떤 재미난 지식을 올려 볼까?

MENU

물리면 아프다
화학이 화하하
생물 오징어
지구는 둥글다

우리 주변의 원소를 찾아라!

수소
원소 중에서 가장 가볍고, 우주에서 가장 흔한 원소야. 지구에서는 대부분 산소와 결합하여 물을 이루고 있어.

산소
지구 겉 부분에서 양이 가장 많은 원소야. 지구 공기에서는 두 번째로 양이 많아. 사람이나 동물이 숨을 쉴 때 필요한 산소 기체를 이루는 원소야.

질소
지구 공기에서 가장 많은 양을 차지하는 원소야. 과자가 부스러지지 않도록 과자 봉지 안에 넣는 질소 기체를 이루는 원소이지.

염소
소금을 이루는 원소 중 하나야. 옷을 하얗게 만들거나 수영장 물을 소독하는 물질에 들어 있어.

탄소
석탄, 석유 같은 연료에 많이 포함된 원소야. 다른 원소와 결합하여 플라스틱, 고무 등 무수히 많은 물질을 만들어.

규소
지구 겉 부분에서 두 번째로 양이 많은 원소야. 산소와 결합하여 바위나 모래 등에 많이 들어 있어.

칼슘
뼈나 치아를 이루는 원소 중 하나야. 또 지구 겉 부분에서 다섯 번째로 양이 많은 원소이지. 대리암, 석회암 같은 바위에 많이 들어 있어.

- 장하다의 오답을 피하는 방법
- 나선애의 야무진 실험실
- 왕수재의 아는 척 과학교실
- 허영심의 별 헤는 밤
- 곽두기의 빅뱅 따라잡기

COMMENTS

 흠… 염소 빼고는 다 들어 본 것들이네!

└ 난 염소만 들어 봤는데!

└ 설마 풀 뜯어먹는 염소를 말하는 건 아니지?

2교시 | 원자의 구조

원자는 무엇으로 이루어졌을까?

저게 뭐지?

한가운데 커다란 공이 있고, 그 주위를 작은 공들이 둘러싸고 있어.

교과연계

초 3-1 물질의 성질
중 2 물질의 구성
중 2 전기와 자기

원자 내부에 뭐가 저렇게 많죠?

이건 원자 내부를 나타낸 거야.

원자의 구조

1. 원소와 원자
2. (원자의 구조)
3. 금속
4. 플라스틱
5. 탄소 소재 물질
6. 나노 물질

"어? 저게 뭐지?"

나선애가 칠판을 가리키며 물었다.

"글쎄? 가운데에 무슨 공 같은 게 있는데…… 뭔지 전혀 모르겠어!"

허영심이 고개를 좌우로 흔들며 말했다.

"저건 원자의 구조를 나타낸 거야."

용선생이 자리에서 벌떡 일어나며 말했다.

"원자의 구조요? 조그만 원자 안에 뭐가 또 있나요?"

 원자를 이루는 입자의 정체는?

"원자는 물질을 이루는 기본 입자라고 했지? 크기도 아주 작고 말이야. 그런데 과학자들이 실험을 통해 원자가

더 작은 입자로 이루어졌다는 걸 알아냈어."

"아, 그렇군요. 어떤 입자인데요?"

"원자핵과 전자야. 원자의 중심에는 원자핵이 있고, 그 주위를 전자가 움직이고 있어."

"원자도 엄청 작은데 그 안에 그보다 더 작은 입자가 있다니!"

"난 그걸 발견했다는 게 더 신기해."

장하다가 혀를 내두르며 말했다.

"1800년대 들어 전기에 대한 연구가 매우 활발하게 이루어졌는데, 원자핵과 전자를 발견하게 된 것도 이와 관련이 있지."

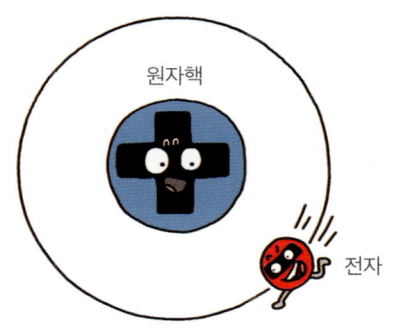

▲ 원자의 구조

"전기랑 원자를 이루는 입자가 무슨 상관인데요?"

"그걸 알려면 먼저 전하에 대해 알아야 해."

"전하요?"

"전하는 물질이 갖는 전기적 성질로, 전기와 관련된 모든 현상을 일으키는 원인이야. 전하가 있어서 텔레비전, 냉장고, 컴퓨터와 같은 전기 기구나 전자 제품이 작동하는 거지."

"전기로 작동하는 건 모두 전하와 관련이 있군요!"

"자석에 N극과 S극, 두 개의 극이 있는 것처럼 전하에도

▲ 조지프 존 톰슨
(1856년~1940년) 영국의 과학자야. 전자를 발견한 공로로 1906년 노벨 물리학상을 받았어.

두 종류가 있어. 양전하와 음전하야. 양전하는 (+)전하, 음전하는 (-)전하로 표시하지."

용선생이 아이들을 둘러보며 말을 이었다.

"1897년 영국의 과학자 톰슨은 실험을 통해 원자 안에 (-)전하를 띤 입자가 있다는 걸 발견했어. 그게 바로 전자란다."

"아하, 전자가 전하를 띠고 있어서 전기와 관련이 있다고 하셨군요."

"맞아. 그뿐 아니라 톰슨은 여러 조건을 달리하여 실험한 결과 전자가 원자의 종류에 상관없이 항상 같은 성질을 지닌다는 것도 알아냈어. 수소 원자, 산소 원자, 금 원자 등 원자의 종류가 무엇이든 상관없이 원자를 이루는 전자는 모두 같다는 걸 알아낸 거지."

"오, 원자의 종류가 달라도 원자를 이루는 전자는 모두 같군요!"

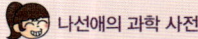

나선애의 과학 사전

질량 장소가 달라져도 변하지 않는, 물체가 갖는 고유한 양을 말해. 질량이 클수록 무거워.

"전자는 질량이 굉장히 작아서 원자의 질량에서 거의 무시해도 될 정도야. 원자 중에 질량이 가장 작은 원자는 수소 원자인데, 수소 원자의 질량을 1이라고 하면, 전자의 질량은 약 $\frac{1}{1,840}$밖에 되지 않아!"

"그렇게나 작아요? 전자의 질량은 원자의 질량에 비하

면 새 발의 피네요!"

원자는 원자핵과 전자로 이루어져 있어. 전자는 (−)전하를 띠고, 질량이 굉장히 작아서 원자의 질량에서 무시해도 될 정도야.

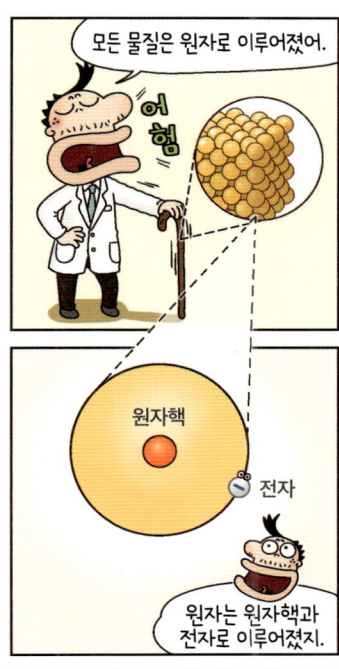

 원자핵은 누가 발견했을까?

공책을 뒤적이던 나선애가 손을 번쩍 들었다.

"원자는 원자핵과 전자로 이루어졌잖아요. 원자에서 전자가 차지하는 질량이 그렇게 작으면 원자핵은 전자보다 질량이 훨씬 크다는 거네요?"

"선애는 역시 예리해! 선애 말대로 원자핵은 전자보다 질량이 훨씬 커서 원자 질량의 대부분을 차지해."

▲ 원자핵은 전자보다 질량이 훨씬 커.

"원자핵도 톰슨이 발견했어요?"

"원자핵은 톰슨이 전자를 발견한 지 약 14년 뒤 러더퍼드라는 과학자가 발견했어. 러더퍼드는 실험을 통하여 원

▲ 어니스트 러더퍼드
(1871년~1937년) 뉴질랜드에서 태어나 영국에서 주로 활동한 과학자로 원자핵을 발견했어. 방사선 연구로 1908년 노벨 화학상을 받았어.

용선생의 과학 현미경

지름은 원의 중심을 지나고, 원 둘레 위의 두 점을 이은 선분의 길이를 말해.

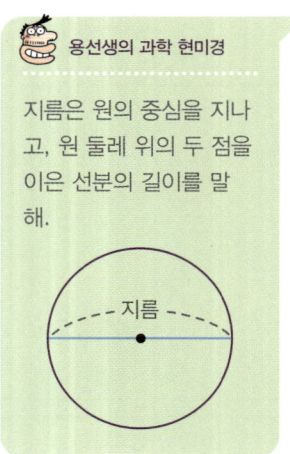

자의 중심에 (+)전하가 모여 있다는 걸 알아냈지. 러더퍼드의 발견이 있기 전까지만 해도 과학자들은 (+)전하가 원자 전체에 골고루 퍼져 있다고 생각했는데, 러더퍼드가 그게 아니란 걸 밝혀낸 거야."

"원자의 중심에요? 그게 혹시 원자핵이에요?"

"맞아! 원자의 중심에 있으면서 (+)전하를 띠고 있는 입자가 바로 원자핵이야. 원자핵은 원자에 비해 크기가 엄청나게 작아서 원자는 안이 텅 비어 있는 것과 마찬가지야."

"도대체 크기가 얼마나 작은데요?"

"원자핵은 지름이 원자 지름의 $\frac{1}{10만} \sim \frac{1}{1만}$ 밖에 되지 않아. 원자가 축구장만큼 커져도 원자핵은 개미 한 마리 크기밖에 되지 않을 정도로 작단다!"

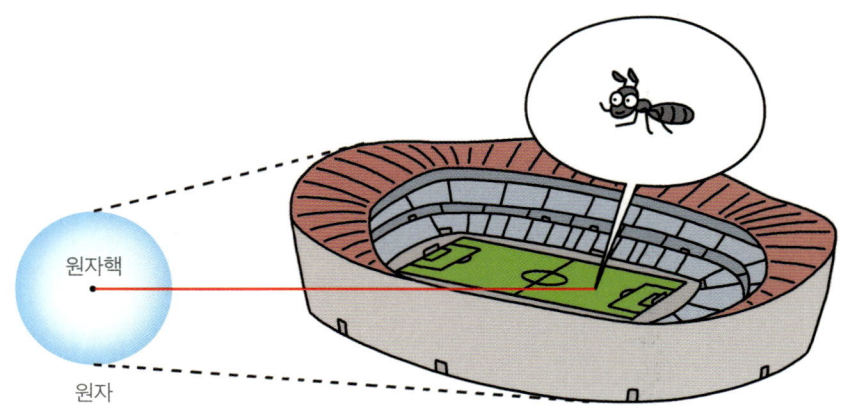

▲ 원자를 축구장 크기만큼 확대해도 원자핵은 개미 한 마리 크기밖에 되지 않아.

"축구장에 있는 개미 한 마리요? 와, 원자핵은 정말 상상도 할 수 없을 정도로 작네요!"

"그렇게 작은 원자핵이 원자 질량의 대부분을 차지한다니 정말 놀라워요!"

원자핵은 (+)전하를 띠어. 원자에 비해 크기는 매우 작지만 원자 질량의 대부분을 차지해.

원자의 종류가 달라지면?

"아직 놀라긴 일러! 그렇게 작은 원자핵은 또다시 양성자와 중성자라는 두 종류의 입자로 이루어져 있어."

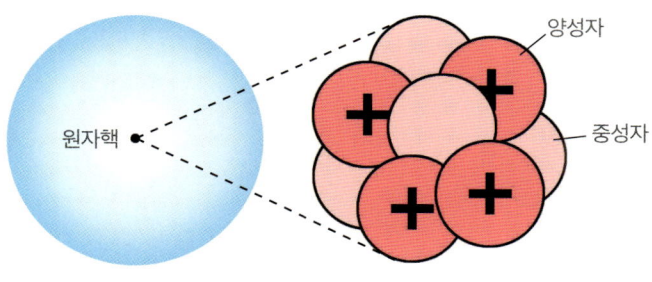

▲ 원자핵은 양성자와 중성자로 이루어졌어.

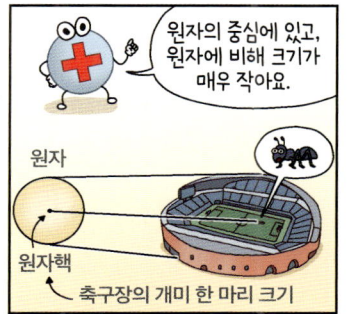

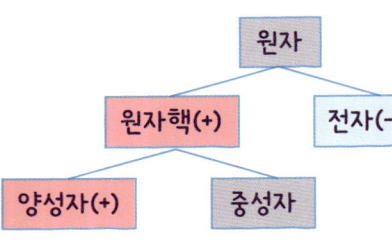
▲ 원자를 이루는 입자

"네에? 원자핵이 또 다른 입자로 이루어졌다고요?"

"그래. 원자는 원자핵과 전자로 이루어져 있고, 원자핵은 다시 양성자와 중성자로 이루어져 있지. 양성자와 중성자는 질량이 거의 같지만, 전기적 성질은 달라. 중성자는 전하를 띠지 않는 반면, 양성자는 (+)전하를 띠어. 양성자의 (+)전하 때문에 원자핵이 (+)전하를 띠는 거야."

"아, 그렇구나!"

"원자는 종류에 따라 양성자의 개수가 다르고 중성자의 개수도 달라. 원자에 양성자가 많을수록 원자핵이 띠고 있는 (+)전하의 양이 커지지. 또 양성자나 중성자가 많을수록 원자핵의 질량도 커져. 그래서 원자는 종류에 따라 원자핵이 띠는 (+)전하의 양과 원자핵의 질량이 다르단다."

아이들이 고개를 끄덕이자 용선생이 말을 이었다.

"원자는 종류에 따라 전자의 개수도 달라. 하지만 한 원

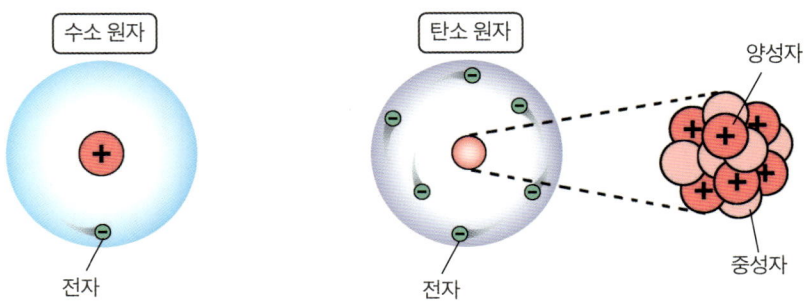
▲ 수소 원자와 탄소 원자의 구조   한 원자 안에서 양성자와 전자의 개수는 항상 같아.

자 안에서 양성자와 전자의 개수는 항상 같지. 예를 들어 수소 원자에는 양성자와 전자가 각각 1개씩 있고, 탄소 원자에는 양성자와 전자가 각각 6개씩 있어."

"와, 양성자와 전자의 개수가 항상 딱 들어맞는군요!"

"그뿐 아니라 전자 한 개가 띠는 (-)전하의 양과 양성자 한 개가 띠는 (+)전하의 양은 정확히 같아. 그래서 한 원자에서 (+)전하의 전체 양과 (-)전하의 전체 양은 항상 같지. 이 때문에 원자는 전하를 띠지 않는단다."

"(+)전하의 양과 (-)전하의 양도 딱 들어맞다니, 신기하네요!"

"원자핵, 전자, 양성자, 중성자…… 오늘 너무 많은 걸 배웠더니 갑자기 엄청 똑똑해진 기분이에요!"

장하다가 책을 덮으며 말했다. 마침 수업 끝을 알리는 종이 울리자 용선생이 말했다.

"좋아! 이걸로 오늘 수업 끝!"

핵심정리

원자는 종류에 따라 원자핵이 띠는 (+)전하의 양이 다르고 전자의 개수도 달라. 하지만 한 원자에서 (+)전하의 전체 양과 (-)전하의 전체 양이 같아서 원자는 전하를 띠지 않아.

나선애의 정리노트

1. 전하
① 물질이 갖는 전기적 성질로, 전기와 관련된 모든 현상을 일으키는 원인
② 종류: (+)전하와 (−)전하가 있음.

2. 원자의 구조
① 원자의 중심에는 ⓐ _____ 이 있고, 그 주위를 ⓑ _____ 가 움직이고 있음.

▲ 원자의 구조

② 원자핵: ⓒ ___ 전하를 띠고, 원자에 비해 크기는 매우 작지만 원자 ⓓ ___ 의 대부분을 차지함.
③ 전자: ⓔ ___ 전하를 띰.
④ 원자는 종류에 따라 원자핵이 띠는 (+)전하의 양이 다르고 전자의 개수도 다름. 하지만 (+)전하의 전체 양과 (−)전하의 전체 양이 같아서 원자는 전하를 띠지 않음.

ⓐ 원자핵 ⓑ 전자 ⓒ (+) ⓓ 질량 ⓔ (−)

 **과학퀴즈** 달인을 찾아라!

● 정답은 111쪽에

01

친구들이 이번 시간에 배운 내용에 대해 이야기하고 있어. 옳으면 O, 옳지 않으면 X를 표시해 줘.

① 원자는 원자핵과 전자로 이루어져 있어. (   )
② 원자의 중심에는 전자가 있어. (   )
③ 원자 질량의 대부분은 전자가 차지해. (   )

02

친구들이 보물찾기를 하고 있어. 네모 안에 들어 있는 질문에 알맞은 답을 따라가면 보물찾기의 승자가 나와. 과연 누가 승자일지 알아맞혀 봐.

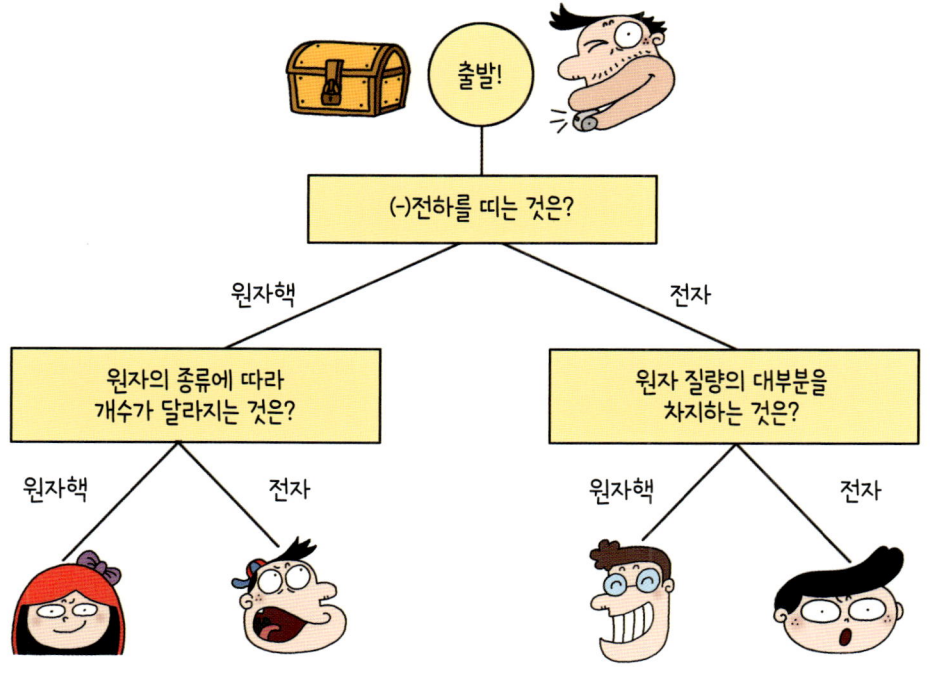

"어디부터 볼까요?"

과학 산업 박물관에 도착한 아이들이 용선생을 둘러싸고 물었다.

"철도 전시실부터 보는 게 어때?"

용선생의 말에 아이들은 철도 전시실로 향했다. 잠시 뒤 안내문을 읽던 허영심이 말했다.

"기차선로를 철로 만든대! 철로 만들어 철도구나!"

"근데 왜 철로 만들어? 철로 만들면 뭐가 좋길래?"

곽두기의 물음에 허영심이 고개를 갸우뚱했다.

금속은 어떤 성질을 가질까?

용선생이 다가오자 곽두기가 물었다.

"선생님, 궁금한 게 있었는데 마침 잘 오셨어요! 기차선로를 왜 철로 만들어요?"

곽두기의 물음에 아이들이 용선생 주위로 몰려들었다.

"철은 금속 물질 중 하나야. 금속의 성질에 대해 먼저 알아보고, 그다음에 선로에 쓰이는 철에 대해 자세히 알아보자. 그럼 너희의 궁금증도 풀릴 거야."

"네, 좋아요!"

용선생과 아이들은 철도 전시실을 나와 금속 전시실로 향했다.

"금속은 충격을 받으면 부서지지 않고 모양이 변하는 성질이 있어. 두드리면 얇게 펴지고, 잡아당기면 가늘고 길게 늘어나지. 대표적인 게 금이야. 금을 두드리면 머리카락 두께의 약 $\frac{1}{1,000}$까지 펴져. 또 금 1 g(그램)을 잡아당기면 약 3,000 m(미터)까지 늘어난단다."

용선생의 말에 아이들이 깜짝 놀란 표정을 지었다.

"와, 엄청나다!"

"우리는 금속의 이런 성질을 이용하여 필요에 따라 금속을 다양한 모양으로 만들어 사용해. 알루미늄을 얇게 펴서 알루미늄 포일로 사용하고, 구리를 길게 늘여 전선으로 사용하는 것처럼 말이야."

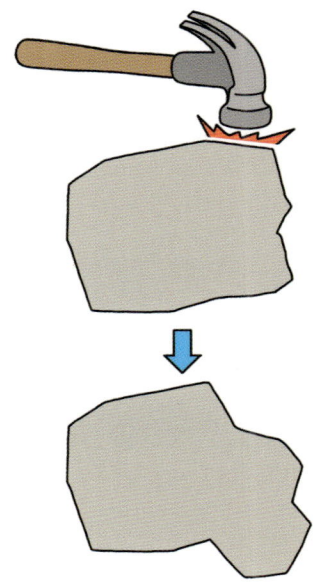
▲ 금속은 충격을 받으면 부서지지 않고 모양만 변해.

▲ 알루미늄 포일

▲ 구리 전선

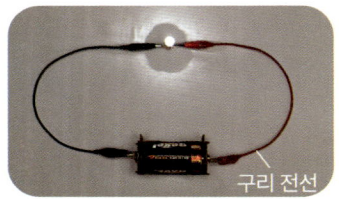
▲ 금속은 전기가 잘 통해.

▲ 금속은 열을 잘 전달해.

> **곽두기의 낱말 사전**
> 광택 빛 광(光) 윤이 날 택(澤). 물체 표면에서 반짝거리는 빛을 말해.

> **나선애의 과학 사전**
> 상온 항상 상(常) 온도 온(溫). 사람이 일상생활을 하고 있는 때의 온도로, 과학에서는 대개 20~25℃(섭씨도) 정도를 말해.

아이들이 고개를 끄덕이자 용선생이 말을 이었다.

"또 금속은 종류에 따라 차이가 있지만 대체로 전기가 잘 통해. 구리를 전선으로 사용하는 까닭도 구리가 전기가 매우 잘 통하기 때문이야. 그뿐 아니라 금속은 열도 잘 전달하지."

"열을 잘 전달하면 어디에 쓸모가 있어요?"

곽두기가 고개를 갸우뚱하며 물었다.

"열을 잘 전달하는 물질은 한쪽을 가열했을 때 전체가 금방 뜨거워져. 그래서 냄비, 주전자, 프라이팬 같은 조리 기구나 다리미 등의 바닥에 금속이 쓰이지."

"오, 금속은 쓰임새가 참 많네요!"

"금속의 또 다른 특징은 겉으로 봤을 때 특유의 광택이 있다는 거야."

허영심이 손뼉을 짝 치며 말했다.

"오, 맞아요! 금이나 은으로 반지를 만들면 반짝반짝 빛이 나요."

"또 대부분의 금속은 상온에서 고체 상태야. 단, 수은은 예외야. 수은은 상온에서 액체 상태거든."

"금속 중에 고체가 아닌 것도 있군요!"

나선애가 고개를 끄덕이며 말했다.

▲ **수은** 영하 39°C보다 낮은 온도에서 고체 상태가 돼.

"수은도 온도를 아주 낮게 낮추면 고체 상태가 돼. 고체 수은은 다른 금속과 마찬가지로 얇게 펴지거나 길게 늘어나는 성질이 있단다."

"오호, 수은도 고체 상태가 되면 다른 금속과 성질이 같아지는군요!"

핵심정리

금속은 두드리면 얇게 펴지고, 잡아당기면 길게 늘어나. 또 전기가 잘 통하고, 열을 잘 전달하며, 특유의 광택이 있어.

금속이 특별한 성질을 갖는 까닭은?

"근데 금속은 왜 이런 특별한 성질을 갖는 거예요?"
곽두기가 고개를 갸웃하며 물었다.
"금속에 '자유 전자'가 있기 때문이야."
"자유 전자요? 자유로운 전자란 뜻인가요?"
"비슷해. 대부분의 전자는 원자를 벗어나 자유롭게 이동

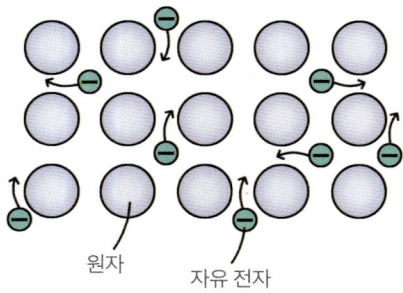

▲ 금속에 있는 자유 전자는 원자들 사이를 자유롭게 이동할 수 있어.

나선애의 과학 사전

전류 전기 전(電) 흐를 류(流). 전하를 띤 입자가 일정한 방향으로 흐르는 것을 말해.

할 수 없어. 그런데 금속에는 원자들 사이를 자유롭게 이동할 수 있는 전자가 있어. 이런 전자를 자유 전자라고 해."

"원자들 사이를 자유롭게 돌아다닌다고요? 이름 그대로 자유로운 전자네요!"

장하다가 고개를 끄덕이며 말했다.

"금속이 전기가 잘 통하는 것도 자유 전자 때문이야. 전기가 통하는 걸 정확히는 전류가 흐른다고 해. 전류는 전하를 띤 입자가 일정한 방향으로 이동하는 것을 말하지. 금속에 전지를 연결하면 자유 전자가 일정한 방향으로 이동하여 전류가 흘러. 반면에 금속이 아닌 물질은 이동할 수 있는 자유 전자가 없어 전류가 흐르지 않아."

"아하, 이제 금속이 전기가 잘 통하는 까닭을 알겠어요!"

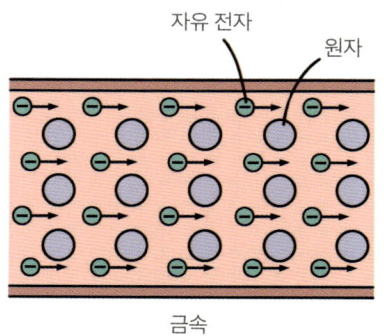
금속

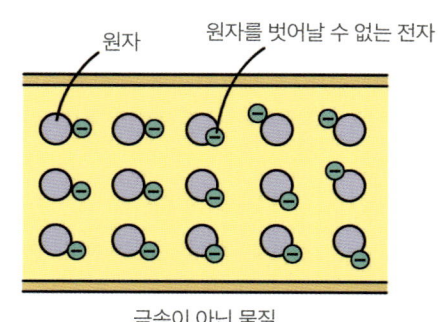
금속이 아닌 물질

▲ 금속은 자유 전자가 일정한 방향으로 이동할 수 있어 전기가 잘 통해.

곽두기가 이마를 탁 치며 말했다.

"금속이 열을 잘 전달하는 것도 자유 전자 때문이야. 자유 전자가 이동하면서 열을 전달하거든. 그뿐 아니라 자유 전자는 금속 전체를 자유롭게 움직이며 금속 원자들을 한데 강하게 묶어 주는 역할을 해. 그래서 금속이 충격을 받으면 부서지지 않고 모양만 변하는 거지."

"와, 금속과 자유 전자는 정말 떼려야 뗄 수 없는 관계 같아요!"

"학교 앞 분식집과 하다의 관계처럼 말이죠, 하하하!"

> **핵심정리**
> 금속에는 원자들 사이를 자유롭게 이동할 수 있는 자유 전자가 있어. 자유 전자 때문에 금속의 여러 성질이 나타나.

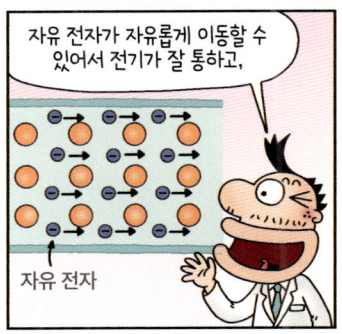

 금속의 성질을 쓰기 좋게 바꾸는 방법!

금속 전시실을 나온 아이들은 곧바로 옆 전시실로 향했다. 전시실 한가운데 설치된 커다란 모형을 발견한 아이들이 모형 주위로 모여들었다.

▲ **용광로** 철광석에서 철을 얻어 내는 장치야.

"와, 이게 뭐예요?"

"용광로에서 철을 어떻게 얻는지 보여 주는 거야."

"철은 땅에서 그냥 캐면 되는 줄 알았는데, 아니군요!"

"자연에서 발견되는 철은 순수한 철이 아니라 산소와 결합해 있어. 그래서 철의 성질을 갖지 않아. 순수한 철을 얻으려면 철광석에서 산소를 떼어 내야 해."

"산소를 어떻게 떼어 내요?"

"용광로에 철광석, 코크스 등을 넣고 밑에서 뜨거운 공기를 불어 넣으면 철광석에서

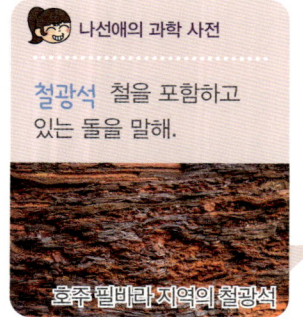

나선애의 과학 사전

철광석 철을 포함하고 있는 돌을 말해.

호주 필바라 지역의 철광석

▲ **코크스** 대개 석탄을 이용해 만든 연료야. 거의 탄소로 이루어졌어.

▲ **용광로에서 철을 얻는 과정** 이때 생기는 찌꺼기는 따로 걸러 내고, 기체는 위로 내보내. 석회석은 철광석에 섞인 불순물을 없애는 역할을 해

산소가 떨어져 나와 순수한 철을 얻을 수 있어."

"금속은 자연에서 모두 산소와 결합해 있어요?"

"아니, 구리는 산소와 결합하지 않은 순수한 구리로 있는 경우가 많아. 이것과 관련된 재미있는 얘기를 하나 해 줄까?"

아이들이 갑자기 용선생의 말에 귀를 쫑긋 세웠다.

"구리를 사용하던 시대를 청동기 시대, 철을 사용하던 시대를 철기 시대라고 하는 거 알고 있지?"

"네! 청동기 시대 다음이 철기 시대잖아요."

곽두기의 말에 용선생이 고개를 세차게 끄덕였다.

"두기가 역사를 잘 알고 있구나! 지구 겉 부분에는 구리보다 철이 더 많아. 그런데 인류는 철보다 구리를 먼저 사용했어. 그 까닭 중 하나가 구리는 산소를 떼어 낼 필요 없이 바로 사용할 수 있었기 때문이지."

"오, 과학으로 역사를 이해하니까 과학과 역사 둘 다 더 흥미 있게 느껴져요!"

 용선생의 과학 현미경

구리는 철보다 훨씬 낮은 온도에서 녹아서 구리를 녹여 물건이나 무기를 만드는 게 더 쉬웠던 까닭도 있어.

"하하하! 그렇다면 다행이구나!"

"근데 그냥 구리 시대라고 하면 기억하기도 쉬울 텐데, 왜 청동기 시대라고 해요?"

"하하하, 다 까닭이 있지. 순수한 구리를 사용한 게 아니

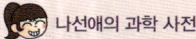
나선애의 과학 사전

청동 푸를 청(靑) 구리 동(銅). 구리에 주석을 더해 만든 물질이야. 아연 등 다른 금속이 들어가기도 해.

합금 합할 합(合) 쇠 금(金). 하나의 금속에 다른 원소를 합쳐 만든 물질을 말해.

▲ 청동으로 만든 청동거울

라 구리에 주석이라는 금속을 더해서 만든 청동이라는 물질을 사용했거든."

"왜요?"

"금속에 다른 원소를 더하면 금속의 성질을 더 쓰기 좋게 바꿀 수 있어. 금속에 다른 원소를 합쳐 만든 물질을 합금이라고 하지. 구리와 주석의 합금인 청동은 순수한 구리보다 훨씬 단단해. 청동은 인류가 최초로 만든 합금이란다."

"청동을 사용해서 청동기 시대라고 하는 거군요!"

"그래. 금으로 장신구를 만들 때에도 주로 금에 은이나 구리 등 다른 금속을 더해 합금을 만들어. 순수한 금은 부드러워서 모양을 바꾸기는 쉬운데, 작은 충격에도 모양이 쉽게 변하거든."

"아, 그렇군요!"

"우리가 사용하는 철도 대부분 합금이야. 순수한 철은 매우 무르고, 잘 늘어나 모양이 쉽게 변해서 일상생활에서는 많이 사용하지 않아. 반면에 철에 탄소를 조금 더하면 단단하고 강해지면서 늘어나는 성질은 약해져. 철에 탄소 등을 더해 만든 합금을 '강철'이라고 해. 강철은 매우 단단하고 강해서 기차선로나 다리와 같은 건축물의 뼈대를 만들 때 많이 쓰여."

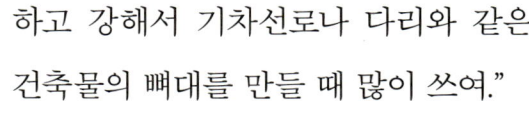
◀ 강철로 만든 다리

"아하, 기차선로에 쓰이는 건 강철이군요!"

"그런데 강철은 잘 녹슨다는 단점이 있어. 금속이 녹스는 건 산소와 결합하여 생기는 현상인데, 강철도 산소와 쉽게 결합하거든. 금속이 녹슬면 녹슨 부분이 약해져 떨어져 나가고 새로운 부분이 녹슬며 점차 금속 전체가 녹슬게 되지."

"그럼 오래 못 쓰겠네요?"

"맞아. 그래서 강철에 크로뮴이라는 금속을 섞어 잘 녹슬지 않게 합금을 만드는데, 그게 바로 스테인리스강이야. 크로뮴이 산소와 반응하면 표면에 얇은 막이 생기는데, 이때 생긴 막은 강철에서 떨어져 나가지 않고 그대로 남아 강철이 산소와 접촉하는 걸 막아 줘. 그래서 강철이 잘 녹슬지 않게 되지."

"오, 스테인리스라는 말은 많이 들어 봤어요!"

"그럴 거야. 그릇, 수저, 냄비 등 주방 기구들이 스테인리스강으로 만들어졌으니까. 스테인리스강은 병원에서 사용하는 의료 기구에도 많이 쓰여."

▲ **크로뮴** 은색 광택이 있는 금속이야. 합금을 만드는 데 많이 쓰여.

용선생의 과학 현미경

스테인리스강에는 크로뮴이 최소 11%(퍼센트) 정도 들어가. 종류에 따라 크로뮴 외에 니켈, 망간 등을 섞기도 해.

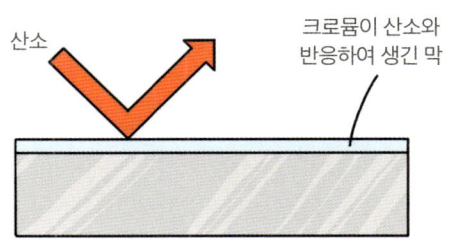

▲ **스테인리스강** 크로뮴이 산소와 반응하여 생긴 막이 녹스는 걸 막아 줘.

▲ 스테인리스강으로 만든 주방 기구

용선생의 과학 현미경

알루미늄도 강철과 마찬가지로 공기 중의 산소와 쉽게 반응해. 하지만 알루미늄이 산소와 반응하면 알루미늄 표면에만 얇은 막이 생기고, 막 안으로는 산소가 들어가지 않아서 막 아래의 알루미늄은 녹이 슬지 않아.

"오호, 그렇군요!"

"철은 지구 겉 부분에 있는 금속 중 두 번째로 양이 많아. 양이 가장 많은 금속은 알루미늄이지."

"오, 알루미늄이 그렇게 흔한 금속인 줄은 몰랐네요!"

"알루미늄도 자연에서 산소와 결합한 상태로 있어. 순수한 알루미늄을 얻으려면 온도를 3,000℃(섭씨도) 이상으로 높여야 해. 철을 얻을 때보다도 훨씬 더 높은 온도이지."

"알루미늄을 얻는 게 쉽지는 않겠어요!"

"예전에는 그랬지. 순수한 알루미늄을 얻는 기술이 발명된 건 지금으로부터 약 140년 정도밖에 되지 않아. 이 기술이 발명되기 전까지는 알루미늄이 금, 은보다도 비쌌단다."

"정말요? 알루미늄이 금, 은보다 비싼 적도 있었다는 건 처음 알았어요!"

"늦게라도 그런 기술이 발명돼서 다행이에요!"

"놀라운 걸 하나 알려줄까? 알루미늄은 캔이나 포일로 쓰일 뿐 아니라 가벼워서 비행기를 만들 때에도 쓰여!"

"알루미늄 캔은 손으로 누르기만 해도 쑥 들어가는데, 비행기를 만들 때 쓰기에는 너무 약하지 않나요?"

"맞아. 그래서 알루미늄의 합금을 사용하지. 알루미늄에 구리와 마그네슘을 섞으면 가벼운 성질은 유지하면서 알

▲ **마그네슘** 알루미늄보다 가볍고 불을 붙이면 밝게 빛을 내는 금속이야.

▲ **두랄루민**

루미늄보다 훨씬 단단해지는데, 이걸 두랄루민이라고 해. 비행기에 쓰이는 건 두랄루민이야."

"금속은 정말 종류도 많고 쓰임새도 많은 것 같아요."

"맞아. 금속은 원소 종류의 약 80%(퍼센트)를 차지할 정도로 종류가 많아. 하지만 종류가 많다고 해서 양도 많은 건 아니야. 게다가 순수한 금속을 얻기 위해서는 높은 온도로 가열하는 등의 과정이 필요한데, 이때 에너지 자원이 쓰이기 때문에 금속을 재활용하는 것이 중요하지."

"저는 음료수를 마신 뒤 캔을 꼭 재활용함에 넣어요!"

"훌륭해! 전시도 다 봤으니 이제 간식 먹으러 갈까?"

"네! 좋아요!"

핵심정리

금속에 다른 원소를 합쳐 만든 물질을 합금이라고 해. 철에 탄소를 섞은 강철은 단단하여 기차선로나 다리를 만드는 데 쓰여. 알루미늄에 구리와 마그네슘을 섞은 두랄루민은 가볍고 단단하여 비행기를 만드는 데 쓰여.

나선애의 정리노트

1. 금속의 성질
① 충격을 받으면 부서지지 않고 모양이 변함.
　• 두드리면 얇게 펴지고, 잡아당기면 가늘고 길게 늘어남.
② 전기가 잘 통하고, 열을 잘 전달함.
③ 특유의 광택이 있음.
④ 대부분 상온에서 고체 상태임.
⑤ 금속의 여러 성질은 자유 전자 때문에 나타남.
　• ⓐ [　　　] : 원자들 사이를 자유롭게 이동할 수 있는 전자

2. 합금
① 금속의 성질을 더 좋게 바꾸기 위해 금속에 다른 원소를 합쳐 만든 물질
② 우리 주변의 합금
　• ⓑ [　　] : 구리에 주석을 더한 합금. 구리보다 단단함.
　• ⓒ [　　] : 철에 탄소 등을 더한 합금. 단단하고 강하여 기차선로나 다리 등 건축물의 뼈대를 만드는 데 쓰임.
　• ⓓ [　　　　] : 강철에 크로뮴을 더한 합금. 녹이 잘 슬지 않음.
　• ⓔ [　　　　] : 알루미늄에 구리와 마그네슘을 더한 합금. 가볍고 단단하여 비행기를 만드는 데 쓰임.

ⓐ 자유 전자 ⓑ 청동 ⓒ 강철 ⓓ 스테인리스강 ⓔ 두랄루민

과학퀴즈 달인을 찾아라!

●정답은 111쪽에

01

친구들이 이번 시간에 배운 내용에 대해 이야기하고 있어. 옳으면 O, 옳지 않으면 X를 표시해 줘.

① 금속은 충격을 받으면 쉽게 부서져. (   )

② 금속은 전기가 잘 통해. (   )

③ 금속은 특유의 광택이 있어. (   )

02

나선애가 과학관에 가려고 하는데 미로를 통과해야 과학관에 갈 수 있대. 미로를 쉽게 빠져나가려면 합금에 속하는 물질을 따라가면 된다고 해. 나선애가 과학관을 찾을 수 있게 도와줘.

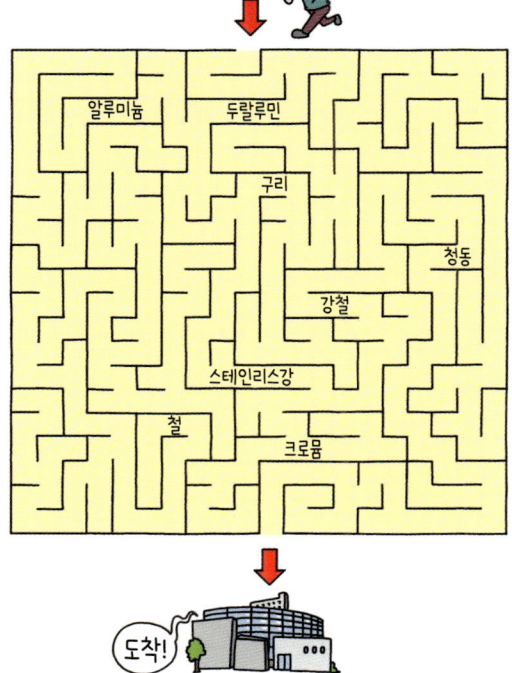

https://cafe.naver.com/yongyong

용선생의 과학 카페

과학계의 핵인싸,
용선생의 과학 카페에
오신 걸 환영합니다.

Log in

오늘은 어떤 재미난 지식을 올려 볼까?

MENU

물리면 아프다
화학이 화하하
생물 오징어
지구는 둥글다

금속의 두 얼굴!

금속은 우리 생활을 매우 편리하게 하지만, 그중에는 우리 몸에 매우 해로운 것도 있어. 가장 대표적인 게 납과 수은이야.

납은 방사선을 차단하고 자동차의 배터리를 만드는 데에 쓰이는 금속이야. 하지만 납이 몸에 많이 쌓이면 식욕이 떨어지고, 현기증과 구토가 나고, 근육이 약해지고, 심하면 죽음에 이를 수도 있어.

▲ 납

▲ 방사선을 막는 데 쓰이는 납

▲ 고대 로마의 납 수도관

납의 해로움을 몰랐던 고대 로마 사람들은 납을 수도관, 식기 등에 사용하고, 피부에 바르고, 음식에 넣기까지 했어. 그뿐 아니라 1980년대 중반까지만 해도 납이 들어간 휘발유가 자동차 연료로 많이 사용되었지. 또 페인트, 화장품, 장난감에도 중독을 일으킬 정도로 많은 양의 납이 들어가 어린이들이 죽기도 했어.

하지만 걱정 마! 지금은 모든 나라에서 납이 들어간 휘발유의 사용을 금지하고, 물건을 만들 때 일정량 이상의 납이 들어가지 못하게 하고 있어.

수은이 독성이 강한 금속이라는 사실을 몰랐던 고대 그리스와 로마에서는 수은이 화장품의 원료로 인기가 많았어. 수은 중독 문제는 현대에도 일어났단다. 1900년대 중반까지 유럽과 미국에서는 동

▲ 수은

물의 털로 모자를 만들 때 털을 부드럽게 하기 위해 수은을 사용했어. 그 결과 수많은 노동자들이 손발을 제대로 가누지 못하고, 피부에 물집이 잡히고, 말을 더듬게 됐지.

일본에서는 1950년대 미나마타라는 도시의 공장에서 수은을 포함한 폐수를 바다에 내보내 그 지역의 물고기가 떼죽음을 당하고, 물고기를 먹은 동물과 사람의 몸이 마비되고 심지어 사망하는 일까지 생겼어.

우리나라에서는 1988년 수은 온도계를 만드는 공장에서 일하던 15세 소년이 수은 중독으로 사망하는 사고가 있었어. 다행히 2021년 7월부터 수은이 포함된 혈압계나 체온계의 사용이 금지됐단다.

▲ 수은 혈압계

▲ 수은 체온계

장하다의 오답을 피하는 방법

나선애의 야무진 실험실

왕수재의 아는 척 과학교실

허영심의 별 헤는 밤

곽두기의 빅뱅 따라잡기

COMMENTS

헉… 몸에 해로운 줄도 모르고 쓰다니 참 안타깝다!

└ 역시 아는 게 힘이라니까!

└ 우리 주변에 다른 해로운 물질은 없는지 찾아보자!

└ 나는 결과만 알려 줘!

"얘들아, 비닐봉지가 플라스틱이래!"

책을 보던 왕수재가 깜짝 놀란 목소리로 외쳤다.

"에이, 설마! 장난감 블록이나 일회용 컵 같은 게 플라스틱이잖아. 비닐봉지는 그런 것들과는 완전히 다른데?"

"그러게. 장난감 블록처럼 딱딱하지도 않고 어떤 모양이 있는 것도 아니잖아."

나선애와 허영심이 잇달아 미심쩍은 목소리로 말했다.

"그렇긴 한데…… 그럼 책이 틀린 건가?"

용선생이 과학실 문을 열고 들어오자 왕수재가 쏜살같이 물었다.

"선생님, 비닐봉지가 플라스틱이 맞아요?"

용선생이 빙긋 웃으며 칠판 앞에 섰다.

플라스틱은 어떤 성질을 가질까?

"답만 알려 주면 재미가 없으니 오늘은 플라스틱에 대해 알아보자. 과학실에서 플라스틱으로 된 물건들을 모두 찾아볼래?"

아이들이 "네!" 하며 과학실 구석구석을 둘러보았다.

"청소함에 있는 쓰레받기요!"

"페트병이요!"

"자랑 가위 손잡이 부분도 플라스틱이에요!"

"실험 기구를 담을 때 쓰는 바구니요!"

"모두 잘 찾았어. 그밖에도 장난감 블록, 빨래집게, 일회용 컵, 빨대, 칫솔 등 우리가 사용하는 물건 중에는 플라스틱이 아주 많아."

아이들이 고개를 끄덕이자 용선생이 물었다.

"플라스틱은 왜 이렇게 많이 쓰이는 걸까?"

▲ 우리 주변의 다양한 플라스틱

"가벼워서 쓰기 편리해요!"

"플라스틱으로 만든 물건은 가격이 싼 편이에요!"

"녹슬지 않아요!"

아이들이 앞다퉈 말했다.

"모두들 플라스틱에 대해 잘 알고 있구나! 플라스틱은 가볍고, 싸고, 녹슬지 않아. 또 원하는 모양으로 만들기도 쉬워서 일상생활에서 많이 쓰이지."

"플라스틱은 왜 이런 성질을 가지는 거예요?"

"플라스틱의 구조를 먼저 살펴보자."

용선생은 화면에 그림을 띄웠다.

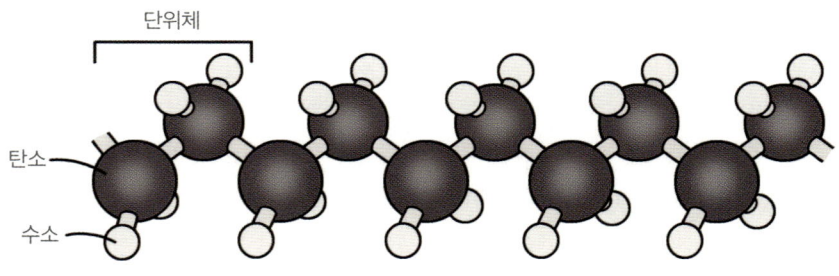

▲ 플라스틱은 단위체가 반복해서 연결돼 있어.

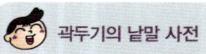

곽두기의 낱말 사전

단위 하나 단(單) 자리 위(位). 하나의 조직 따위를 구성하는 기본적인 한 덩어리를 말해.

"똑같은 모양이 계속 반복돼요!"

"그게 바로 플라스틱 구조의 특징이야. 플라스틱을 이루는 기본 단위를 '단위체'라고 해. 플라스틱은 무수히 많은 단위체들이 사슬처럼 길게 반복해서 연결돼 있지."

"단위체가 많이 연결돼 있으면 무거울 것 같은데……."

"플라스틱은 주로 탄소, 수소, 산소, 질소, 황으로 이루어졌는데, 이것들은 모두 가벼운 원소야. 그래서 플라스틱이 금속이나 유리에 비해 가벼운 거지."

"아하, 가벼운 원소로 이루어져서 가볍군요!"

왕수재가 안경을 쓱 올리며 물었다.

"플라스틱은 어떻게 얻어요? 땅에서 캐내는 건 아니죠?"

"하하, 물론 아니지. 플라스틱의 주된 원료는 석유야. 석유도 마찬가지로 탄소, 수소, 산소, 질소, 황 등으로 이루어져서 석유에서 플라스틱을 이루는 단위체를 얻을 수 있어."

"오, 석유에서 플라스틱을 얻는군요!"

"플라스틱은 어느 온도 이상이 되면 물렁물렁해져. 이때 틀로 누르면 원하는 모양으로 쉽게 바꿀 수 있고, 모양이 변하면 변한 모양으로 계속 남아 있는 성질이 있어. 그래서 플라스틱을 다양한 모양으로 만들 수 있지."

"아하, 그렇군요!"

"플라스틱은 금속과 달리 전기가 통하지 않아. 금속이 전기가 잘 통하는 까닭이 무엇 때문이었는지 기억하니?"

"네, 금속에 자유 전자가 있어서요!"

"맞아! 플라스틱은 자유 전자가 없어서 전기가 통하지

 용선생의 과학 현미경

수소는 모든 원소 중에 가장 가벼워. 탄소는 6번째, 질소는 7번째, 산소는 8번째, 황은 16번째로 가벼워.

 곽두기의 낱말 사전

원료 근원 원(原) 재료 료(料). 어떤 물건을 만드는 데 들어가는 재료를 말해.

▲ **석유(원유)** 원유는 땅속에서 뽑아낸, 자연 상태의 석유를 말해.

않아. 그래서 전선 바깥을 감싸는 데 쓰이지."

"아하, 그렇군요!"

"금속을 녹여서 모양을 만들려면 대부분 1,000℃ 이상의 높은 온도가 필요해. 하지만 플라스틱은 수백 ℃ 정도면 충분하기 때문에 금속보다 모양을 만들기 쉬워. 그래서 보통 플라스틱은 값이 싸지."

"플라스틱과 금속은 다른 점이 참 많네요!"

▲ 전선을 감싸는 데 플라스틱이 쓰여.

핵심정리

플라스틱은 수많은 단위체가 사슬처럼 길게 반복해서 연결돼 있어. 금속보다 가볍고, 전기가 통하지 않고, 다양한 모양으로 만들기 쉬워.

플라스틱에는 어떤 종류가 있을까?

허영심이 손을 번쩍 들고 물었다.

"근데 플라스틱은 언제 처음 만들어졌어요?"

"플라스틱이 처음 발명된 건 1907년이야. 플라스틱이 발명된 건 당구공과 관련이 있단다."

"당구공이요?"

"응. 예전에는 당구공을 코끼리 상아로 만들었는데, 상아는 값도 비싸고, 구하기도 어려워. 게다가 1860년대 들어 아프리카에 있는 코끼리 수가 갑자기 줄어 상아를 구하는 게 더 힘들어지자 사람들은 상아를 대신할 재료를 찾기 시작했지."

"상아 대신 쓰려고 플라스틱이 발명된 거예요?"

"그래. 최초로 발명된 플라스틱은 베이클라이트야. 주로 전화기 케이스, 라디오 케이스, 배관용 파이프 등에 쓰였어. 하지만 만드는 과정이 복잡하고 비용이 많이 들어 요즘에는 잘 쓰지 않아."

"그럼 어떤 플라스틱을 쓰는데요?"

"그다음에 나온 게 '폴리염화비닐', 약자로 PVC(피-브이-씨)라고 불리는 플라스틱이야. PVC는 강하고 딱딱해서 수도관이나 배수관의 파이프, 문틀, 창틀 등에 많이 쓰이고, 인조 가죽, 바닥재, 호스, 자동차 의자 커버, 비닐 커튼 등에도 쓰여."

> **장하다의 상식 사전**
>
> **상아** 코끼리의 엄니야. 예전에는 조각이나 장식품의 재료로 쓰였지만, 지금은 많은 나라에서 코끼리를 보호하기 위해 판매를 금지하고 있어.
>
>
> 코끼리 상아

> **용선생의 과학 현미경**
>
> 베이클라이트는 벨기에 출신의 과학자 베이클랜드가 발명했어. 소나무에서 나오는 액체와 비슷해 보여서 '합성수지'라고도 불렸어. '합성'은 인공적으로 만들었다는 뜻이고, '수지'는 소나무에서 나오는 액체를 말해.
>
>
> 베이클라이트로 만든 전화기 케이스

▲ PVC는 파이프, 창틀, 바닥재 등에 쓰여.

"오, 아주 여러 곳에 쓰이는군요!"

"아까 화면으로 구조를 살펴본 플라스틱은 '폴리에틸렌', 줄여서 PE(피-이)라고 불리는 플라스틱이야. PE는 우리 주위에서 가장 흔히 볼 수 있는 플라스틱 중 하나이지."

"정말요? 어디에 쓰이는데요?"

"마트에서 과일이나 야채를 담을 때 쓰는 비닐봉지, 음식을 덮을 때 쓰는 랩, 세탁소에서 드라이클리닝을 한 뒤 세탁물을 담아 주는 비닐 등에 쓰여. 또 쓰레기 종량제 봉투나 액체 세제 용기 등에도 쓰이지."

▲ PE는 비닐봉지, 음식을 덮는 랩, 세탁물 덮개용 비닐 등에 쓰여.

"아하, 그럼 비닐봉지가 플라스틱인 게 맞군요!"

용선생이 고개를 끄덕이며 생수병을 가리켰다.

"너희가 가장 잘 아는 플라스틱은 아마 이거일 거야."

"페트병이요?"

"페트병은 '페트(PET)'라는 플라스틱으로 만들어. 페트는 가볍고, 단단하고, 투명해서 안에 담긴 물질이 잘 보여.

▲ **페트는 음료수병에 쓰여.** 페트는 '폴리에틸렌 테레프탈레이트'를 줄인 말이야.

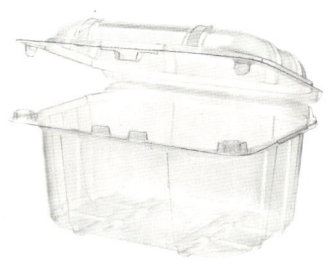
▲ 페트는 식품 포장재로도 쓰여.

"또 잘 깨지지 않고, 깨져도 유리처럼 조각이 생기지 않아 음료수병 몸체를 대부분 페트로 만들지."

"페트는 물이나 음료를 담기에 딱이군요!"

"페트는 병을 만들 때에만 쓰여요?"

"아니, 식품을 포장하는 포장재로도 많이 쓰여."

"저희가 알 만한 플라스틱이 또 뭐가 있어요?"

"스타이로폼도 플라스틱이야. 스타이로폼은 안에 공기가 많이 들어 있어. 공기가 충격을 줄여 줄 수 있어서 전자 제품 등을 포장할 때 쓰이지."

 용선생의 과학 현미경

스타이로폼은 '발포 스타이렌 수지(EPS)'의 상품명이야. '폴리스타이렌(PS)'이라는 플라스틱 액체에 기체를 넣으면 거품이 생기며 굳어 스타이로폼이 돼.

"스타이로폼 안에 공기가 들어 있군요!"

"또 공기는 열을 잘 전달하지 않는 성질이 있어. 스타이로폼 안에는 공기가 많으니까 스타이로폼으로 만든 용기에 음식을 담으면 열이 잘 들어오거나 빠져나가지 않아 용기 안의 온도를 어느 정도 일정하게 유지할 수 있지. 그래서 생선이나 배달 음식 등을 스타이로폼 용기에 많이 담아."

▲ 스타이로폼은 내부 온도를 일정하게 유지하기 위한 용기에 쓰여.

공책을 뒤적이던 나선애가 손을 번쩍 들고 물었다.

"폴리염화비닐, 폴리에틸렌, 페트…… 첫 글자가 전부 알파벳 P로 시작해요. 무슨 특별한 까닭이라도 있나요?"

"있지! 폴리(poly)는 그리스어로 '많다'는 뜻이야. 플라스틱은 수많은 단위체가 모여 이루어진 것이어서 이름 앞에

보통 '폴리'가 붙어. 그래서 P로 시작하지."

 **핵심정리**

플라스틱에는 PVC, PE, 페트, 스타이로폼 등이 있어. PVC는 파이프, PE는 비닐봉지, 페트는 음료수병, 스타이로폼은 전자 제품 포장재 등에 쓰여.

 플라스틱을 재활용해야 하는 까닭!

"뉴스에서 플라스틱 사용을 줄여야 한다고 하던데, 그건 왜 그런 거예요?"

"맞아요! 요즘은 마트에서 비닐봉짓값을 따로 내야 해요. 그것도 플라스틱을 덜 쓰게 하려고 그러는 거죠?"

곽두기의 말에 용선생이 "맞아." 하며 고개를 끄덕였다.

"플라스틱은 땅에서 캐는 게 아니고 사람이 만드는 거잖아요. 그럼 계속 만들면 되는 거 아닌가요?"

허영심이 고개를 갸웃하며 물었다.

"플라스틱은 석유에서 얻는다고 했잖니. 석유의 양이 한정돼 있으니까 플라스틱도 아껴 써야지. 그런데 플라스틱

▲ 바다에 버려진 플라스틱이 분해되지 않고 남아 바다 생물이 플라스틱을 먹는 경우도 많아.

을 많이 쓰면 안 되는 더 중요한 까닭이 있단다."

"그게 뭔데요?"

"플라스틱은 한번 만들면 없애고 싶어도 없애기가 매우 힘들어. 미생물이나 햇빛에 잘 분해되지 않아서, 분해되는 데 수십에서 수백 년이 걸리거든."

"헉, 그렇게나 오래요?"

"응. 그래서 플라스틱 쓰레기를 많이 만들면 안 돼. 그뿐 아니라 플라스틱 중에는 우리 몸에 해로운 것도 있어."

"정말요? 어떤 건데요?"

"PVC는 원래 딱딱한 성질이 있어서 부드럽게 만들기 위해 다른 물질을 첨가하는데, 이 물질이 우리 몸에 들어가면 호르몬처럼 작용해서 몸속 호르몬이 정상적으로 작용하지 못하게 돼. 이런 걸 환경 호르몬이라고 하지."

"PVC에는 몸에 해로운 물질이 들어 있군요!"

"또 PVC를 없애려고 태울 때 독성 물질과 다이옥신이라는 발암 물질도 나와."

"헉, 발암 물질! PVC를 태우면 큰일 나겠어요!"

"그래서 우리나라에서는 2019년부터 재활용이 어렵고

나선애의 과학 사전

미생물 작을 미(微) 살 생(生) 만물 물(物). 맨눈으로 볼 수 없는 아주 작은 생물들을 통틀어 이르는 말이야.

곽두기의 낱말 사전

첨가 더할 첨(添) 더할 가(加). 이미 있는 것에 덧붙이거나 보태는 것을 말해.

나선애의 과학 사전

호르몬 몸속에서 혈액을 타고 온몸으로 퍼져 나가 신호를 전달하는 물질을 말해.

곽두기의 낱말 사전

발암 일어날 발(發) 암 암(癌). 암이 생기게 한다는 뜻이야.

우리 몸에 해로운 PVC를 음식이나 물건을 포장하는 데 사용하는 걸 금지했어."

"근데 플라스틱을 아예 안 쓰고 살 수는 없잖아요. 플라스틱이 얼마나 간편한데요!"

"그래서 플라스틱을 재활용하는 게 중요해. 재활용을 잘 하려면 같은 종류끼리 분리해서 버려야 한단다."

"왜요?"

"플라스틱 중에는 재활용할 수 있는 것도 있고, 재활용할 수 없는 것도 있거든. 또 재활용할 수 있는 플라스틱이라도 서로 다른 종류가 섞이면 문제가 될 수 있어."

"그건 또 왜 그런 거예요?"

▲ 재활용하기 위해 모아진 페트병

"서로 다른 종류의 플라스틱이 섞이면 단위체가 달라서 녹였을 때 서로 섞이지 않고 물과 기름처럼 나누어지기 쉬워. 이렇게 재활용되어 만들어진 플라스틱은 구조가 약해서 아무 데에나 사용할 수 없어."

"근데 플라스틱을 분리해서 버리고 싶어도 뭐가 뭔지 겉으로만 봐서는 잘 모르겠어요."

곽두기가 머리를 긁적이며 말했다.

"아주 쉬운 방법이 있지! 플라스틱 용기 아랫부분을 보

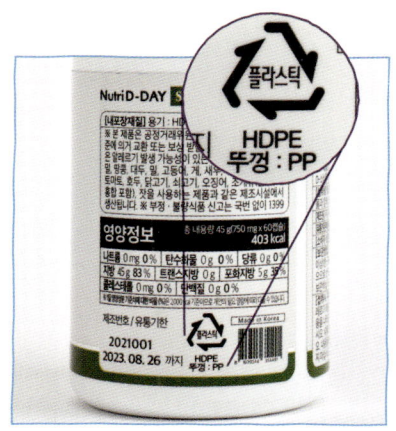 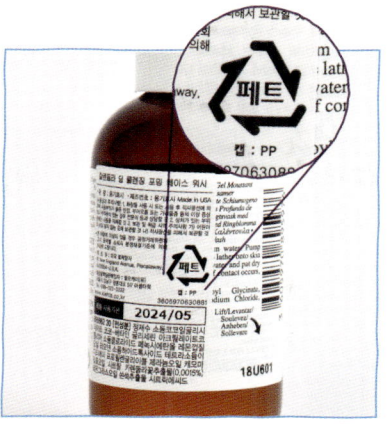

▲ 플라스틱 재활용 표시 HDPE는 PE의 일종으로 단단한 성질이 있어.

면 화살표 삼각형이 그려져 있고, 그 안에 한글이나 숫자가 표시돼 있어. 이걸 보면 어떤 종류의 플라스틱인지 쉽게 알 수 있단다."

"오늘 집에 가서 어떤 플라스틱을 많이 사용하고 있는지 확인해 봐야겠어요."

"아주 좋은 생각이야."

이때 장하다가 손을 번쩍 들고 말했다.

"더 좋은 생각이 떠올랐어요. 지금 당장 분리수거함에 가서 플라스틱 종류를 확인해 봐요!"

"좋아! 그럼 오늘 수업은 여기까지!"

 핵심정리

플라스틱은 미생물이나 햇빛에 의해 잘 분해되지 않아서 한번 만들면 없애기가 매우 힘들어. 플라스틱 재활용을 잘하려면 같은 종류끼리 분리해서 버려야 해.

나선애의 정리노트

1. 플라스틱의 구조와 성질
① 수많은 ⓐ_____가 사슬처럼 길게 반복해서 연결돼 있음.
② 주로 ⓑ_____를 원료로 사용함.
③ 가볍고, 전기가 통하지 않고, 다양한 모양으로 만들기 쉬움.

2. 플라스틱의 종류
① 베이클라이트: 최초의 플라스틱
② 폴리염화비닐(PVC): 수도관의 파이프, 창틀, 바닥재 등에 쓰임.
③ 폴리에틸렌(PE): 비닐봉지, 음식을 덮는 랩, 세탁물 덮개용 비닐 등에 쓰임.
④ ⓒ_____(PET): 음료수병 몸체, 식품 포장재에 쓰임.
⑤ ⓓ_____: 전자 제품을 포장하거나 내부의 온도를 일정하게 유지하기 위한 용기에 쓰임.

3. 플라스틱 사용의 문제점과 재활용
① 미생물이나 햇빛에 의해 잘 분해되지 않음.
② PVC에 첨가하는 물질이 환경 호르몬이고, PVC를 태울 때 독성 물질과 발암 물질이 나옴.
③ 플라스틱을 같은 종류끼리 분리해서 버려야 재활용을 잘할 수 있음.

ⓐ 단위체 ⓑ 석유 ⓒ 페트 ⓓ 스타이로폼

 # 과학퀴즈 달인을 찾아라!

●정답은 111쪽에

01

친구들이 이번 시간에 배운 내용에 대해 이야기하고 있어. 옳으면 O, 옳지 않으면 X를 표시해 줘.

① 플라스틱은 수많은 단위체가 길게 반복해서 연결돼 있어. ( )
② 플라스틱은 전기가 잘 통해. ( )
③ 플라스틱은 미생물이나 햇빛에 의해 잘 분해되지 않아. ( )

02

아래 표에 있는 글자를 가로, 세로, 혹은 대각선으로 연결해서 플라스틱과 관련된 단어 세 개를 찾아 동그라미로 표시해 줘.

힌트
① ○○는 주로 음료수병 몸체에 쓰이는 플라스틱이야.
② PVC를 부드럽게 하기 위해 첨가하는 물질은 ○○ ○○○이어서 몸에 해로워.
③ 마트에서 물건 등을 담을 때 쓰이는 플라스틱이야. ○○봉지

현	무	좀	약	강	페
환	청	비	닐	철	트
상	경	기	도	구	리
가	왕	호	금	포	청
유	리	주	르	켓	동
제	다	이	아	몬	드

| 용선생의 과학 카페 | 용선생의 한국사 카페 | 용선생의 세계사 카페 |

https://cafe.naver.com/yongyong

용선생의 과학 카페

과학계의 핵인싸,
용선생의 과학 카페에
오신 걸 환영합니다.

[Log in]

MENU

물리면 아프다
화학이 화하하
생물 오징어
지구는 둥글다

페트병으로 옷을 만든다고?

최근 들어 페트병을 재활용하여 폴리에스터 소재의 옷을 만드는 기업이 늘어나고 있어. 어떻게 페트병으로 옷을 만들 수 있는 걸까?

▲ 페트병을 재활용하여 폴리에스터 소재의 옷을 만들어.

폴리에스터, 나일론, 스판덱스처럼 자연에서 얻지 않고 사람이 만든 섬유를 합성 섬유라고 해. 합성 섬유와 플라스틱에는 공통점이 있어. 둘 다 무수히 많은 단위체가 모여 이루어진 물질이라는 거지. 이런 물질을 '고분자' 물질이라고 해.

플라스틱과 합성 섬유는 둘 다 고분자 물질이기 때문에 같은 고분자로 합성 섬유를 만들 수도 있고, 플라스틱을 만들 수도 있어. 고분자를 녹여 액체로 만들어 작은 구멍을 통해 밀어낸 뒤 잡아 늘이면 합성 섬유가 되고, 고분자를 녹여 원하는 모양의 틀에 넣고 식히면 틀 모양의 플라스틱이 돼.

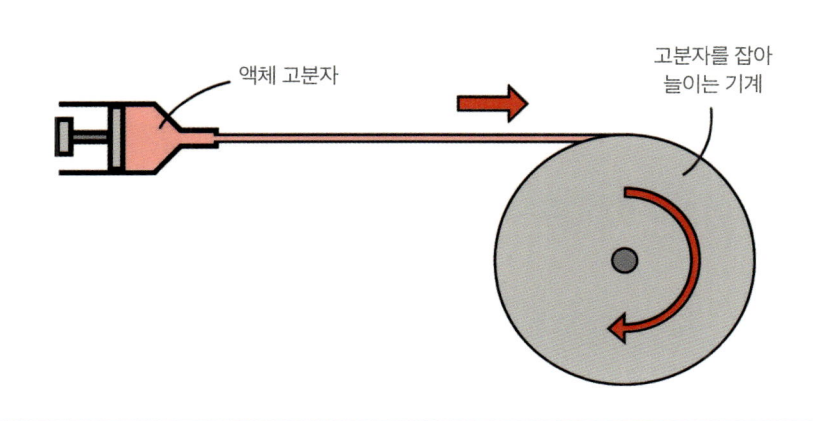

▲ 고분자로 합성 섬유를 만드는 과정

페트병과 폴리에스터 섬유는 둘 다 '페트'라는 고분자로 이루어졌어. 그래서 페트병을 재활용하여 폴리에스터 섬유를 만들 수 있는 거야. 보통 페트병 다섯 개로 티셔츠 한 벌 정도를 만들 수 있다고 해.

모든 종류의 플라스틱을 합성 섬유로 만들 수 있는 건 아니야. 플라스틱 중에는 단위체 사슬이 그물망처럼 서로 연결된 것도 있어. 이런 플라스틱은 열을 가해도 모양이 변하지 않아 합성 섬유로 만들 수 없어.

이런 걸 업사이클링(새활용)이라고 해!

COMMENTS

- 이왕이면 페트병을 재활용한 옷을 사야겠어!
  └ 평소에 재활용을 잘하는 것도 중요해!
  └ 재활용을 많이 하려면 음료수를 많이 사야겠군!
  └ 못 말려!

5교시 | 탄소 소재 물질

연필심과 다이아몬드의 공통점과 차이점은?

교과연계

초 3-1 물질의 성질
중 2 물질의 구성
중 3 과학기술과 인류 문명

둘 사이에 무슨 관계라도 있나?

있지! 그게 뭔지 알아볼까?

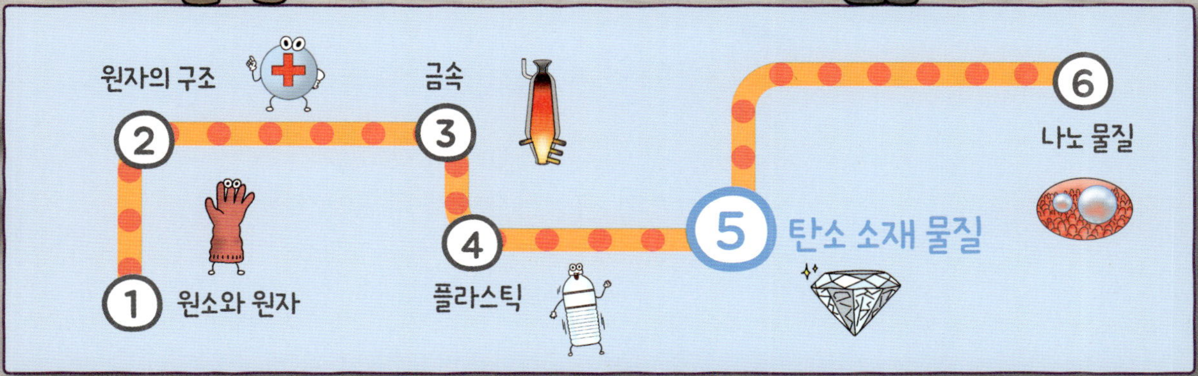

- ① 원소와 원자
- ② 원자의 구조
- ③ 금속
- ④ 플라스틱
- ⑤ 탄소 소재 물질
- ⑥ 나노 물질

"선애야, 숙제 다 했어?"

도서관에서 숙제를 하고 있는 나선애를 발견한 장하다가 반가운 목소리로 물었다.

"숙제하기 싫어서 다른 걸 보던 중이야. 근데 여기 신기한 내용이 있어."

"뭔데?"

"연필심과 다이아몬드가 같은 원소로 이루어졌대!"

"같은 원소로? 근데 어떻게 그리 다를 수 있지?"

 **연필심과 다이아몬드를 이루는 원소는?**

과학 시간이 시작되자마자 나선애가 물었다.

"선생님! 책에서 봤는데, 연필심과 다이아몬드가 같은 원소로 이루어졌대요. 정말이에요?"

"응. 연필심은 주로 흑연으로 만드는데, 흑연과 다이아몬드 둘 다 탄소 한 가지 원소로 이루어졌어. 그런데 너희들이 알다시피 쓰임새는 아주 달라. 이참에 흑연과 다이아몬드에 대해 자세히 알아보자."

"네, 좋아요!"

"흑연이 왜 연필심에 쓰이는지 아니?"

용선생의 물음에 아이들이 고개를 갸우뚱했다.

"어…… 글쎄요? 까매서요?"

"매우 무르기 때문이야. 물질이 무르다는 것은 그 물질을 다른 물질에 긁었을 때 잘 긁힌다는 뜻이야. 반대로 단단한 물질은 다른 물질에 긁었을 때 자신은 긁히지 않고 다른 물질이 긁히게 하지. 연필로 종이에 글씨를 쓰면 흑연이 종이보다 무르기 때문에 연필심의 흑연이 종이에 긁히게 돼."

"오호, 종이에 긁힌 흑연이 글씨가 되는 거군요!"

나선애가 손가락을 탁 튕기며 말했다.

"또 흑연은 미끄러운 성질이 있어서 뻑뻑한 자물쇠의 윤활제로도 쓰여. 흑연을 윤활제로 사용하면 기름과 달리 먼

▲ **연필심** 연필심은 흑연과 점토를 섞어 만들어. 점토는 부드럽고 차진 흙이야.

▲ **흑연 가루**

 곽두기의 낱말 사전

윤활제 윤택할 윤(潤) 미끄러울 활(滑) 약지을 제(劑). 기계가 맞닿는 부분에 발라 표면을 매끄럽게 하기 위해 사용하는 물질이야.

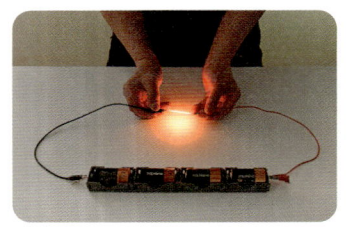

▲ 샤프심을 전지와 연결하면 샤프심에 전류가 흘러 빛이 나.

▲ 다이아몬드

지가 달라붙지 않아. 흑연의 또 다른 특징은 금속만큼은 아니지만 전기가 통하고 열을 잘 전달한다는 거야."

"연필심이 전기가 통한다니, 그건 몰랐네요!"

"반면에 다이아몬드는 전기가 통하지 않아. 하지만 열을 굉장히 잘 전달하지."

"전기가 안 통하는 건 흑연과 다르네요?"

"응. 흑연과 다른 점이 또 있어. 흑연은 매우 무르지만, 다이아몬드는 굉장히 단단해. 다이아몬드로 다른 물질을 긁으면 다이아몬드는 그대로이고 다른 물질이 긁히지."

"오, 흑연과는 정반대네요!"

"맞아. 다이아몬드는 단단한 성질 때문에 물체를 자르거나, 물체 표면을 갈고 닦거나, 물체에 구멍을 뚫는 도구에 쓰여. 고속도로를 건설할 때 아스팔트를 자르는 도구, 건물을 지을 때 철근 콘크리트를 자르는 도구에도 다이아몬드가 쓰이지."

다이아몬드 날

▲ **앵글 그라인더** 동그란 모양의 날이 빠르게 돌아가며 물체 표면을 매끄럽게 갈아 내는 도구야.

▲ **다이아몬드 밀링 커터** 밀링 커터는 금속 따위를 자르거나 깎을 때 사용하는 회전식 날이야. 밀링 커터의 날을 코팅하는 재료로 다이아몬드가 쓰여.

"정말요? 다이아몬드는 보석으로만 쓰는 줄 알았는데, 물건을 자르는 도구로도 쓰이는 줄은 몰랐네요."

"다이아몬드를 쓰는 도구는 엄청 비싸겠다!"

장하다가 깜짝 놀란 표정을 지으며 말했다.

"하하하, 다이아몬드를 도구로 쓸 때에는 자연에서 캐낸 다이아몬드가 아니라 주로 사람이 만든 인공 다이아몬드를 쓴단다."

"다이아몬드를 만들 수도 있어요?"

허영심이 믿기지 않는다는 표정으로 물었다.

"응. 인공으로 다이아몬드를 만드는 방법 중 하나는 흑연을 이용하는 거야. 둘 다 탄소로 이루어졌으니까 흑연을 다이아몬드로 바꿀 수 있지."

"정말요? 어떻게요?"

"천연 다이아몬드는 온도와 압력이 매우 높은 지하 깊은 곳에서 만들어져. 지하 깊은 곳이 아니더라도 온도와 압력을 매우 높여 지하 깊은 곳과 비슷한 조건을 만들어 주면 흑연이 다이아몬드로 변해."

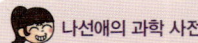

나선애의 과학 사전

압력 누를 압(壓) 힘 력(力). 누르는 힘을 말해. 정확히는 일정한 넓이에 작용하는 힘이야.

"온도와 압력을 얼마나 높여야 하는데요?"

"약 1,500~3,000℃까지 온도를 높이고, 소형 자동차 수십만에서 수백만 대가 누를 때의 압력을 흑연 가루에 가

하면 흑연 덩어리 안에 다이아몬드가 생겨."

"흑연 덩어리가 다이아몬드 덩어리로 바뀌는 거예요?"

곽두기가 눈을 크게 뜨며 물었다.

"하하하, 그건 아니고 흑연 사이에 작은 다이아몬드 알갱이가 생겨 촘촘히 박힌단다."

"와, 흑연이 다이아몬드로 바뀔 수 있다니, 신기하다!"

흑연과 다이아몬드는 탄소로만 이루어진 물질이야. 흑연은 매우 무르고 전기가 통하는 반면, 다이아몬드는 매우 단단하고 전기가 통하지 않아.

 원소는 같아도 성질은 달라!

장하다가 곰곰이 생각하더니 물었다.

"흑연과 다이아몬드는 같은 원소로 이루어졌는데, 성질이 왜 이렇게 다른 거예요?"

"원자들이 늘어선 모습이 다르기 때문이야. 원자들이 어떻게 늘어서 있는지 볼래?"

용선생이 화면에 그림을 띄웠다.

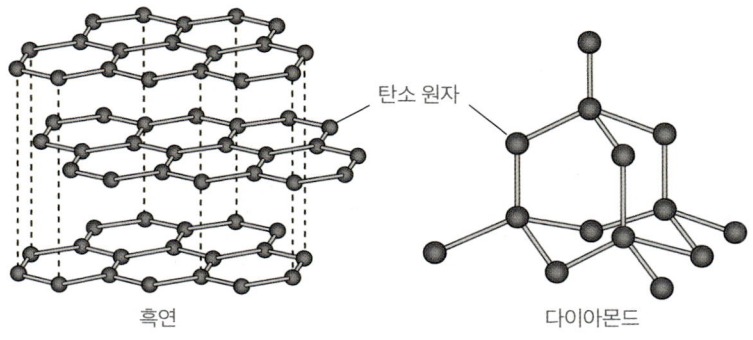

흑연　　　　　　　다이아몬드

▲ **흑연과 다이아몬드의 구조** 탄소 원자들이 서로 다른 모양으로 늘어서 있어.

"오, 정말 원자들이 늘어선 모양이 다르네요!"

"흑연은 탄소 원자들이 어떻게 늘어서 있지?"

"원자들이 층층이 쌓여 있어요!"

"맞아. 탄소 원자들이 층을 이루며 늘어서 있어. 각 층의 탄소 원자들은 육각형 모양을 이루고 있지."

"오, 정말 그러네요."

"흑연은 같은 층에 있는 탄소 원자들은 강하게 결합하고 있지만, 층과 층 사이는 결합이 약해. 흑연을 문지르거나 하여 흑연에 작은 충격을 주면 층과 층 사이의 약한 결합이 쉽게 끊어지지. 그럼 층이 미끄러지며 떨어져 나가."

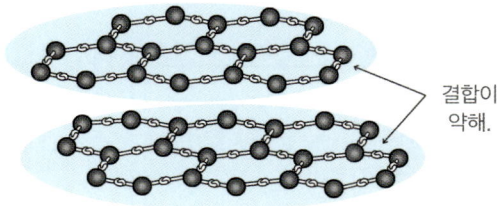

▲ **흑연 구조의 특징** 같은 층의 원자들은 강하게 결합하고 있지만, 층과 층 사이는 결합이 약해 쉽게 끊어져.

"아하, 그래서 흑연이 무르고 미끄러운 거군요?"

장하다가 이마를 탁 치며 말했다.

"그렇지! 연필로 종이에 글씨를 쓸 때에는 흑연의 층과 층 사이의 결합이 끊어지며 떨어져 나간 탄소 덩어리가 종이 위에 남는 거란다."

"글씨를 쓰는 것에 그런 과학 원리가 숨어 있다니!"
용선생이 화면을 가리키며 물었다.
"다이아몬드는 탄소 원자들이 어떻게 늘어서 있지?"
"흑연과 달리 층이 없어요."
"맞아. 다이아몬드는 탄소 원자들이 층을 이루지 않아 모든 방향으로 결합이 강해. 그래서 원자 사이의 결합을 끊기 어려워 다이아몬드가 매우 단단한 거야."
"오, 원자들이 늘어선 모습을 보니까 왜 흑연은 무르고 다이아몬드는 단단한지 알겠어요!"

 **핵심정리**

흑연과 다이아몬드는 원자들이 늘어선 모습이 달라서 성질이 달라. 흑연은 원자들이 층을 이루며, 층 사이의 결합이 약해 무르고, 다이아몬드는 원자들이 층을 이루지 않아 모든 방향으로 결합이 강하여 단단해.

 ## 탄소로 이루어진 새로운 물질!

곽두기가 손을 번쩍 들고 물었다.
"탄소로만 이루어진 물질은 흑연과 다이아몬드밖에 없

어요?"

"마침 그 얘기를 하려던 참이란다. 과학자들은 탄소로만 이루어진 물질이 흑연이나 다이아몬드와 같은 구조만 갖는다고 생각했어. 그런데 최근 이삼십 년 사이에 탄소로 이루어진 새로운 물질들이 발견됐지. 대표적인 게 풀러렌이야. 이 그림을 보렴."

용선생이 화면에 그림을 띄웠다.

"우아, 신기하다! 공처럼 동그랗게 생겼어요!"

"공 중에서도 어떤 공과 생긴 게 비슷하지?"

아이들이 화면을 응시했다. 장하다가 먼저 외쳤다.

"축구공이랑 비슷해요!"

"맞아! 축구공 표면을 보면 육각형과 오각형이 섞여 있는데, 풀러렌은 축구공과 똑같이 탄소 원자들이 육각형과 오각형을 섞어 놓은 모양으로 늘어서 있어."

"축구공처럼 생긴 물질이라니, 신기하다!"

"풀러렌은 1985년 로버트 컬, 해럴드 크로토, 리처드 스몰리라는 과학자 세 명이 처음 발견했어. 이들은 풀러렌을 발견한 공로로 1996년 노벨 화학상을 받았단다."

"오, 풀러렌을 발견한 게 노벨상을 받을 정도로 대단한 일이었군요!"

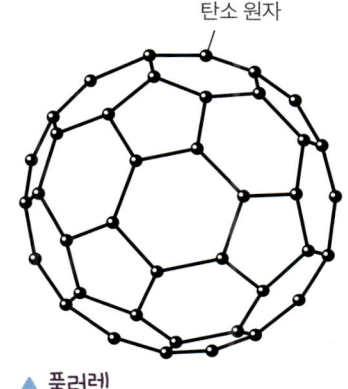

▲ 풀러렌

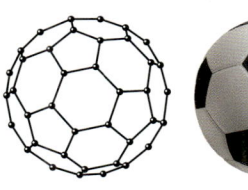 

▲ 처음 발견된 풀러렌은 탄소 원자 60개로 이루어졌어. 탄소 원자들이 축구공과 마찬가지로 육각형 20개와 오각형 12개를 이루며 늘어서 있지.

나선애의 과학 사전

신소재 새로울 신(新) 바탕 소(素) 재료 재(材). 이전의 재료에는 없는 뛰어난 특성을 지닌 새로운 소재를 말해. 소재는 어떤 것을 만드는 데 바탕이 되는 재료를 뜻해.

"그래. 풀러렌을 발견함으로써 과학자들은 탄소가 흑연이나 다이아몬드와는 다른 새로운 구조를 만들 수 있다는 걸 알게 됐어. 신소재 물질의 새로운 분야가 열린 거야."

아이들이 고개를 끄덕이자 용선생이 말을 이었다.

"풀러렌은 크기가 엄청 작아서 지름이 축구공의 $\frac{1}{3억}$ 정도밖에 되지 않아! 축구공을 지구 크기만큼 확대해도 풀러렌은 축구공 크기밖에 되지 않는단다."

"와, 엄청 작네요!"

"풀러렌은 햇빛을 전기로 바꾸는 태양 전지에 이용되고 있어. 그뿐 아니라 풀러렌을 이용하여 우리 몸속에 약물을 전달하는 방법도 연구 중이야."

▲ 풀러렌을 축구공 크기로 확대하면 축구공은 지구 크기 정도로 커져.

▲ 풀러렌을 이용하여 몸속 원하는 곳에 약물을 전달해.

용선생이 목을 가다듬고 말을 이었다.

"풀러렌이 발견된 후 탄소로만 이루어진 새로운 물질들이 더 발견됐어. 이 그림을 보렴."

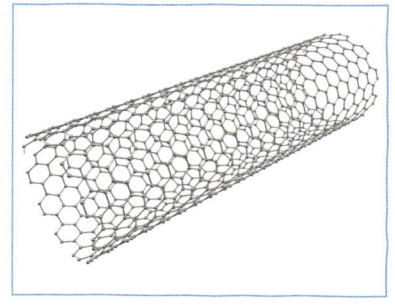
▲ 탄소 나노 튜브

▲ 그래핀

"원자들이 늘어선 모양이 풀러렌과는 또 다르네요!"

"그래. 탄소 나노 튜브는 흑연 한 층을 관 모양으로 말아 놓은 구조를 하고 있어. 그래핀은 흑연 한 층을 떼어 놓은 거란다. 풀러렌과 마찬가지로 탄소 나노 튜브와 그래핀도 크기가 매우 작은 물질이지."

"탄소만으로 저렇게 다양한 물질이 만들어진다니 생각할수록 신기해요!"

"하하, 그렇지? 이쯤이면 탄소로 이루어진 물질을 충분히 알아본 것 같구나. 이제 모두 하산하거라!"

 **핵심정리**

풀러렌, 탄소 나노 튜브, 그래핀은 탄소로만 이루어진 물질로, 최근 새롭게 발견됐어. 풀러렌은 탄소 원자들이 공 모양으로, 탄소 나노 튜브는 흑연 한 층이 관 모양으로 늘어서 있어. 그래핀은 흑연 한 층에 해당해.

나선애의 정리노트

1. 탄소로 이루어진 물질

구조	ⓐ	ⓑ
성질	· 원자들이 층을 이루고, 층 사이의 결합이 약해 매우 무름. · 전기가 통함.	· 원자들이 모든 방향으로 강하게 결합하여 매우 단단함. · 전기가 통하지 않음.
용도	연필심, 윤활제	보석, 물건 자르는 도구

2. 탄소로 이루어진 신소재 물질

① 크기가 매우 작음.

ⓒ	ⓓ	ⓔ

ⓐ 흑연 ⓑ 다이아몬드 ⓒ 풀러렌 ⓓ 탄소 나노 튜브 ⓔ 그래핀

과학퀴즈 — 달인을 찾아라!

● 정답은 111쪽에

01

친구들이 이번 시간에 배운 내용에 대해 이야기하고 있어. 옳으면 O, 옳지 않으면 X를 표시해 줘.

① 흑연과 다이아몬드는 구성 원소가 달라 성질이 다르게 나타나. (   )

② 흑연은 매우 무르고 전기가 통해. (   )

③ 다이아몬드는 매우 단단하고 전기가 통하지 않아. (   )

02

왕수재가 방탈출 게임을 하고 있어. 탄소 한 가지 원소로 이루어진 물질을 따라가면 무사히 방을 탈출할 수 있대. 왕수재가 방을 탈출할 수 있게 도와줘.

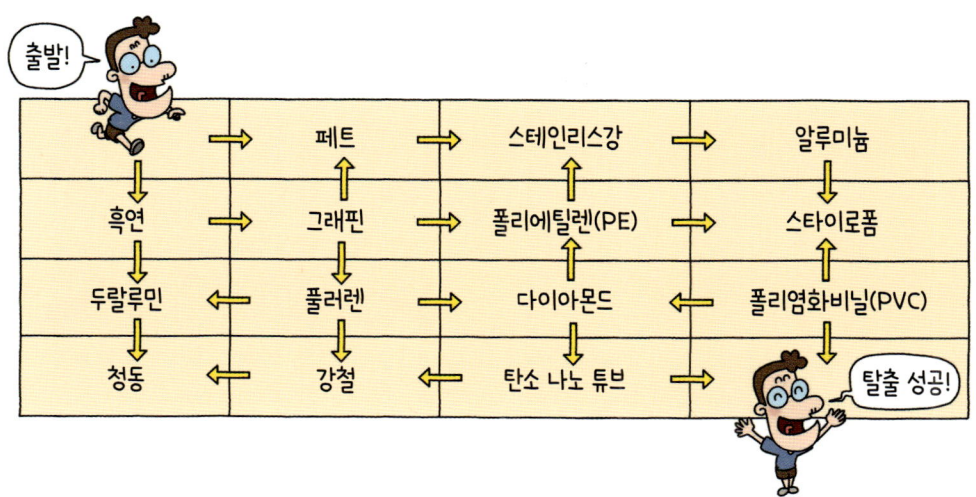

| 용선생의 과학 카페 | 용선생의 한국사 카페 | 용선생의 세계사 카페 |

https://cafe.naver.com/yongyong

용선생의 과학 카페

과학계의 핵인싸,
용선생의 과학 카페에
오신 걸 환영합니다.

[Log in]

MENU

물리면 아프다
화학이 화하하
생물 오징어
지구는 둥글다

탄소 나노 튜브와 그래핀의 모든 것!

탄소 나노 튜브 1991년 일본의 과학자 이지마 스미오가 풀러렌을 연구하다 우연히 발견했어. 흑연처럼 탄소 원자들이 육각형을 이루며 늘어서 있고, 두께가 머리카락 한 올 두께의 약 $\frac{1}{5만}$밖에 되지 않아. 하지만 길이는 매우 다양해서 긴 것은 수십 cm나 돼.

탄소 나노 튜브는 길이 방향으로 잡아당겼을 때 끊어지지 않고 버티는 힘이 같은 두께의 강철보다 100배나 강해. 그래서 테니스 라켓, 자전거 프레임, 아이스하키 스틱 등 운동용품에 쓰이고 있고, 탄소 나노 튜브를 이용하여 실처럼 가느다란 밧줄이나 초강력 섬유를 만드는 것도 연구 중이야. 또 전기가 잘 통해서 아주 작은 전자 기기의 부품에도 쓰여.

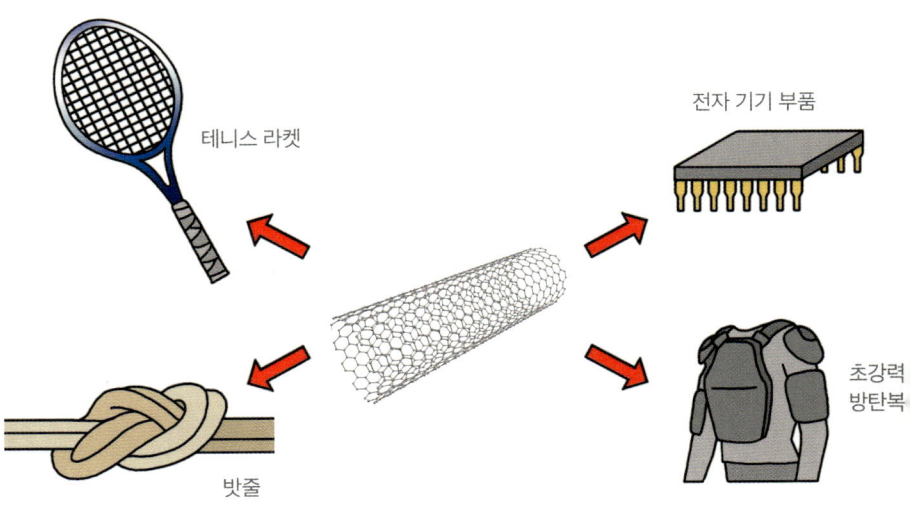

▲ 탄소 나노 튜브의 이용

`그래핀` 2004년 영국에서 과학자 안드레 가임과 콘스탄틴 노보셀로프가 발견했어. 이들은 흑연을 이루는 각 층이 홀로 존재할 수는 없을까 고민하다가 접착테이프로 흑연 한 층을 떼어 내는 데 성공했어. 그게 바로 그래핀이야.

그래핀은 두께가 원자 하나 크기밖에 되지 않아서 굉장히 얇고 가벼워. 또 탄소 나노 튜브처럼 굉장히 강하고, 전기와 열을 매우 잘 전달하는 물질 중 하나야. 게다가 유연해서 휘거나 접을 수 있고, 늘리거나 구부려도 전기적 성질이 변하지 않아서 그래핀을 이용하여 휘어지는 디스플레이를 만드는 방법이 한창 연구 중이야.

▲ 안드레 가임과 콘스탄틴 노보셀로프가 사용한 테이프 디스펜서 이들은 흑연에서 그래핀을 분리해 낸 공로로 2010년 노벨 물리학상을 받았어.

- 장하다의 오답을 피하는 방법
- 나선애의 야무진 실험실
- 왕수재의 아는 척 과학교실
- 허영심의 별 헤는 밤
- 곽두기의 빅뱅 따라잡기

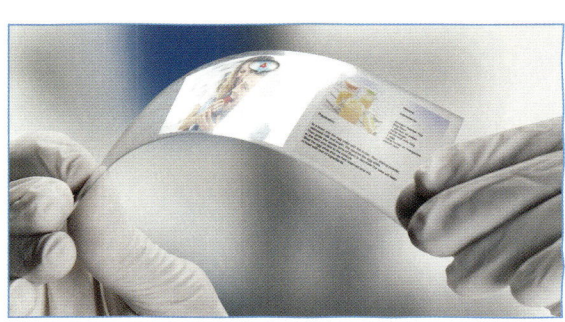
▲ 그래핀으로 만든 휘어지는 디스플레이

COMMENTS

 접착테이프로 그래핀을 발견하다니!

└ 왠지 과학이 가깝게 느껴져!

└ 얼른 접착테이프 사러 문방구 가야겠다!

└ 아이스크림 사 먹으러 가는 건 아니고?

"너무 뜨거워!"

창가에 서 있던 왕수재가 손으로 햇빛을 가리며 투덜거렸다.

"이러다 얼굴 다 타겠어!"

나선애가 얼굴을 찡그리며 맞장구쳤다. 그때 허영심이 가방에서 선크림을 꺼냈다.

"이럴 줄 알고 내가 선크림을 가져왔지!"

"오, 역시! 나도 조금만 바르자!"

"나도!"

왕수재와 나선애는 차례로 선크림을 얼굴에 발랐다. 선크림을 유심히 살펴보던 나선애가 말했다.

"나노 선크림? 나노가 뭐야? 앞에 나노가 붙으면 뭐가 다른가?"

아이들이 "글쎄?" 하며 고개를 갸우뚱거렸다.

나노란 무엇일까?

과학 시간이 시작되자마자 나선애가 물었다.

"나노 선크림이 뭐예요? 앞에 나노가 붙으면 무슨 특별한 거라도 있어요?"

"특별한 게 있지. 나노 선크림은 나노 과학을 이용한 선크림이거든."

"나노 과학? 혹시 첨단 과학 비슷한 건가요?"

"맞아. 나노 과학은 첨단 과학의 한 분야야. 일단 나노가 무슨 뜻인지부터 알아보자."

용선생이 뒤를 돌아 칠판에 숫자를 적기 시작했다.

"여기서 공통점을 찾아낼 수 있겠니?"

아이들이 조용히 칠판을 응시했다. 왕수재가 가장 먼저

손을 들었다.

"알았어요! m(미터)나 g(그램) 앞에 m(밀리)가 붙으면 $\frac{1}{1,000}$이 돼요!"

"맞아! 밀리가 단위 앞에 붙어 $\frac{1}{1,000}$을 뜻하는 것처럼, 나노는 단위 앞에 붙어 $\frac{1}{10억}$을 뜻해. 나노(nano)는 난쟁이를 뜻하는 고대 그리스어 나노스(nanos)에서 온 말로, 영어 알파벳 n(엔)으로 나타내. 1 nm(나노미터)는 $\frac{1}{10억}$ m야."

"아하, 나노가 그런 뜻이었군요!"

"1 nm가 어느 정도 길이인지 상상이 잘 안 돼요."

허영심이 고개를 갸웃하며 말했다.

"1 nm는 머리카락 두께의 $\frac{1}{5만}$ 정도밖에 되지 않아."

"와, 1 nm는 정말 작군요!"

"지난 시간에 배운 풀러렌은 지름이 약 0.7 nm, 탄소 나노 튜브는 지름이 수~수십 nm이고, 그래핀은 두께가 1 nm도 되지 않아. 이처럼 어느 한쪽의 길이가 대략 100 nm 이하인 물질을 나노 물질이라고 해."

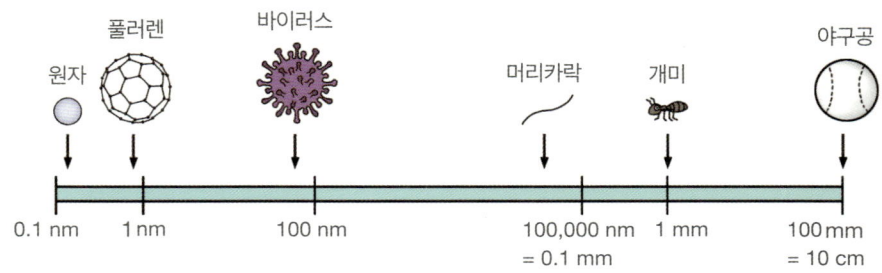

▲ 1 nm는 원자 지름보다는 크고 바이러스보다는 작은 크기야.

"오호, 풀러렌과 탄소 나노 튜브는 지름이, 그래핀은 두께가 작아서 나노 물질이군요!"

"탄소로 이루어진 물질 외에도 한 종류 이상의 원자가 수십에서 수백 개 모여 나노 물질이 되기도 하는데, 이런 걸 나노 입자라고 해. 나노 과학은 크기가 100 nm 이하인 물질과 이때 나타나는 새로운 현상을 다루는 학문이야."

"크기가 작아지면 새로운 현상이 나타나요?"

"크기가 작아지면 물질의 성질이 달라져. 빛을 흡수하거나 반사하는 성질이 달라져 색이 변하기도 하고, 전기적

용선생의 과학 현미경

나노 입자에는 금 나노 입자, 은 나노 입자, 이산화 타이타늄 나노 입자 등이 있어.

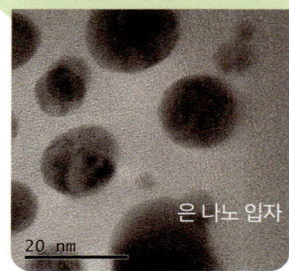
은 나노 입자
20 nm

용선생의 과학 현미경

크기가 작아지면 왜 새로운 현상이 나타날까?

크기가 작아지면 물체가 차지하는 공간의 크기인 부피도 작아지고, 물체 표면의 넓이도 작아져. 그런데 부피와 표면의 넓이가 똑같이 작아지는 게 아니야. 예를 들어 볼게.

상자 하나를 같은 크기의 상자 8개로 나눈다고 하자. 그럼 작게 나누어진 상자 하나는 부피가 처음의 $\frac{1}{8}$로 줄지만, 표면의 넓이는 상자 한 면이 4개로 나누어져 $\frac{1}{4}$로 줄어. 이처럼 크기가 작아질수록 부피에 비해 표면의 넓이는 상대적으로 커지게 돼. 표면이 넓어지면 다른 물질과 더 많이 접촉하게 되어 새로운 현상이 나타나는 거야.

좀 더 자세히 들여다볼까?

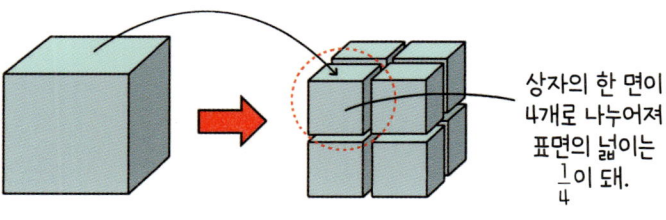
상자의 한 면이 4개로 나누어져 표면의 넓이는 $\frac{1}{4}$이 돼.

▲ 상자 하나를 같은 크기의 상자 8개로 나눌 때

물에 섞여 있는 금 나노 입자의 크기에 따라 물의 색이 변해.

▲ **1200년경에 지어진 프랑스 샤르트르 대성당의 스테인드글라스** 옛날 사람들은 나노 과학에 대해 알지 못했지만 입자 크기가 작아지면 색이 변한다는 걸 알고 이용했어. 유리에 섞인 금 입자 때문에 스테인드글라스에 특유의 빨간색이 나타나.

성질이 바뀌기도 하고, 다른 물질과 반응하는 성질이 달라지기도 하지."

나노(n)는 단위 앞에 붙어 $\frac{1}{10억}$을 뜻해. 1 nm는 $\frac{1}{10억}$ m야. 나노 물질은 어느 한쪽의 길이가 대략 100 nm 이하인 물질을 말해.

"크기가 이렇게 작으면 눈으로 볼 수도 없을 텐데, 과학

자들은 이런 걸 어떻게 연구해요?"

허영심이 고개를 갸우뚱하며 물었다. 그러자 왕수재가 과학실의 현미경을 가리켰다.

"현미경이 있잖아!"

"수재 말대로 현미경을 이용하는데, 나노 물질을 관찰하려면 과학실에 있는 현미경보다 훨씬 더 정밀한 현미경이 필요해. 바로 주사 탐침 현미경이야. 주사 탐침 현미경을 이용하면 재료 표면의 구조를 나노미터 수준까지 알아낼 수 있어."

"주사요? 병원에서 맞는 그 주사요?"

"하하하, 여기서 말하는 주사는 표면을 훑고 지나간다는 뜻이야. 탐침은 뾰족한 기구를 말해. 주사 탐침 현미경은 현미경에 달려 있는 탐침으로 재료의 표면을 훑어 원자가 늘어선 모습을 알아내는 현미경이야. 마치 점자를 읽는 것처럼 말이지."

"아하, 그런 뜻이었군요!"

"원자 위치를 구분할 정도가 되려면 현미경 탐침이 엄청 뾰족해야겠네요?"

"맞아! 탐침 끝이 겨우 원자 한 개로 되어 있을 정도로 뾰족해. 주사 탐침 현미경에는 두 종류가 있어. 그중 주사 터

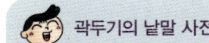

곽두기의 낱말 사전

정밀 자세할 정(精) 빽빽할 밀(密). 아주 정교하고 치밀하여 빈틈이 없고 자세하다는 뜻이야.

▲ 손가락으로 더듬어 점자를 읽는 모습

용선생의 과학 현미경

주사 터널링 현미경은 1981년 IBM(아이비엠) 연구소의 게르트 비니히와 하인리히 로러에 의해 개발됐어. 이 둘은 주사 터널링 현미경을 개발한 공로로 1986년 노벨 물리학상을 받았어.

"**널링 현미경**은 관찰하려는 물질과 현미경 탐침 사이에 전류가 흐르게 하여 원자의 위치를 알아내. 원자가 있는 곳과 없는 곳에서 전류가 달라지는 걸 이용하는 거지."

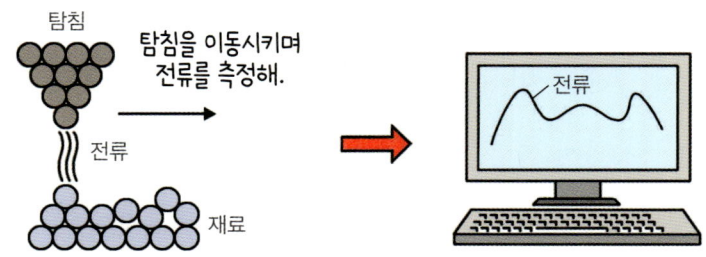

▲ **주사 터널링 현미경의 원리** 뾰족한 금속 탐침으로 재료의 표면을 훑어가며 재료와 탐침 사이에 흐르는 전류를 측정하여 재료 표면의 구조를 알아내.

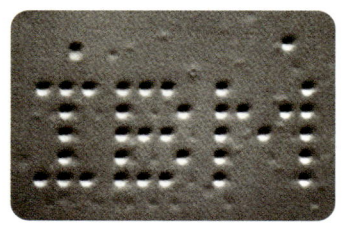

▲ **원자로 쓴 글자** 주사 터널링 현미경으로 원자를 하나씩 움직일 수도 있어. 1989년 IBM 연구소의 과학자가 주사 터널링 현미경으로 원자를 늘어놓아 'IBM' 이라는 글자를 만들었어.

"오호, 그렇군요!"

"전에 금 표면을 현미경으로 확대한 사진을 봤던 것 기억하지? 바로 주사 터널링 현미경으로 관찰한 거야."

"그렇구나! 또 다른 주사 탐침 현미경은 어떤 거예요?"

"원자힘 현미경이야. 탐침을 재료 표면에 매우 가까이 가져가면 탐침과 재료 표면의 원자 사이에 힘이 작용하는데, 원자힘 현미경은 이 힘을 이용하여 재료 표면의 구조를 알아내."

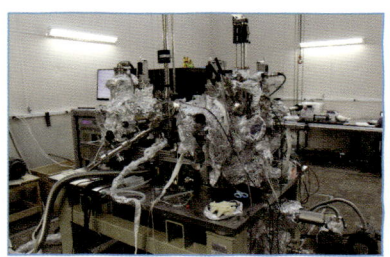

▲ 주사 터널링 현미경

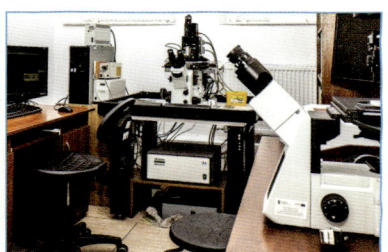

▲ 원자힘 현미경

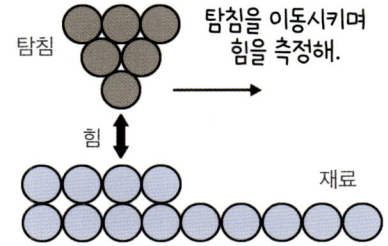

◀ 원자힘 현미경의 원리 탐침과 재료 표면 원자 사이의 거리에 따라 둘 사이에 작용하는 힘이 달라지는 것을 이용해.

"아하, 원자힘 현미경은 전류 대신 힘을 이용하는군요!"

핵심정리

나노 물질은 주사 탐침 현미경을 이용하여 관찰해. 주사 탐침 현미경에는 주사 터널링 현미경과 원자힘 현미경이 있어.

나노 과학은 어디에 쓰일까?

허영심이 선크림을 가리키며 물었다.

"선생님, 나노 선크림은 나노 과학을 어떻게 이용하는 거예요?"

"햇빛에 포함된 자외선을 막기 위해 선크림을 바른다는 것은 알고 있지? 자외선을 오래 쬐면 피부가 빨리 늙고 심지어 피부암에 걸릴 수 있어."

"자외선을 오래 쬐면 왜 나쁜지 잘 몰랐었는데, 그런 이유가 있었군요!"

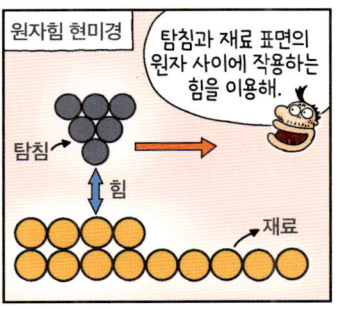

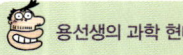

용선생의 과학 현미경

이산화 타이타늄은 산소와 타이타늄으로, 산화 아연은 산소와 아연으로 이루어졌어. 나노 선크림에 쓰이는 나노 입자는 지름이 수십 nm 정도야.

"나노 선크림에는 대부분 이산화 타이타늄이나 산화 아연 나노 입자가 들어 있어. 이산화 타이타늄과 산화 아연은 크기가 클 때에는 흰색이었다가 나노 입자가 되면 투명하게 변해 피부에 바르기 적당하고, 자외선도 더 잘 차단할 수 있어."

"오, 방금 배운 나노 입자가 이 선크림에 들어 있다니, 신기하다!"

허영심이 선크림을 신기하게 바라보며 말했다.

"그뿐 아니라 이산화 타이타늄은 자외선을 받으면 기름때나 세균을 분해하여 깨끗하고 해가 없는 물질로 바꾸는데, 나노 입자가 되면 이런 반응이 더 잘 일어나. 이산화 타이타늄 나노 입자로 화장실 타일, 건물 벽, 자동차 유리 등을 코팅하면 때가 묻거나 세균이 번식하는 것을 막을 수 있지."

자외선

이산화 타이타늄 나노 입자로 코팅된 유리

"와, 그럼 청소를 안 해도 저절로 깨끗해지겠네요?"

"그렇지! 자연에도 저절로 깨끗해지는 식물이 있어. 혹시 그게 뭔지 아니?"

용선생의 물음에 아이들이 고개를 좌우로 내저었다.

"연잎이야. 연잎은 비가 온 뒤에도 물에 젖지 않고 보송보송해. 빗물이 연잎 위에 퍼지지 않고 물방울이 되어 굴러떨어지거든. 이때 먼지도 물방울에 붙어 함께 떨어져 연잎이 늘 깨끗한 상태를 유지하는데, 이걸 연잎 효과라고 하지."

▲ 연잎 위의 빗물은 퍼지지 않고 물방울이 되어 먼지와 함께 굴러떨어져.

"씻지 않아도 저절로 깨끗해진다니! 아, 부럽다!"

장하다의 탄식 섞인 말에 아이들이 웃음을 터뜨렸다.

"연잎은 어떻게 그런 성질을 갖는 거예요?"

"연잎 표면은 지름 10~100 nm 정도의 수많은 솜털, 즉 나노 돌기로 덮여 있어."

"그럼 어떻게 되는데요?"

"연잎 위의 물은 나노 돌기 때문에 표면과 닿는 넓이가 작아서 표면에 붙으려는 힘이 약해. 그래서 물이 퍼지지 않고 물방울 모양을 이루지. 연잎이 조금이라도 기울면 물방울이 굴러떨어지면서 연잎 위의 먼지가 물방울에 붙어 함께 떨어져 연잎이 늘 깨끗한 상태를 유지하는 거야."

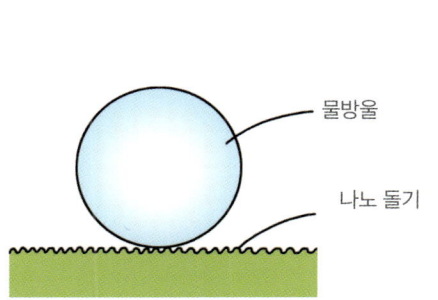

▲ 물방울이 연잎 표면과 닿는 넓이가 작아 물이 퍼지지 않고 물방울 모양을 이루어.

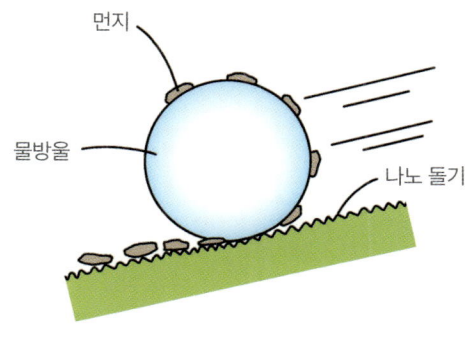

▲ 물방울이 나노 돌기로 덮인 연잎 표면에서 굴러떨어질 때 먼지도 물방울에 붙어 함께 굴러떨어져.

"연잎의 비밀은 바로 나노 돌기에 있었군요!"

"과학자들은 연잎 효과를 이용하여 물이 스며들지 않아 툭툭 털어 낼 수 있고, 먼지도 함께 없앨 수 있는 옷의 소재를 개발 중이야. 나노 돌기 같은 입자가 코팅된 소재로 옷을 만드는 거지."

"와, 그런 옷을 입으면 밥을 먹다 김치 국물을 흘려도 문제없겠네요?"

장하다가 김치 국물이 묻은 소매를 슬쩍 바라보며 말했다.

"그렇지. 옷의 소재뿐 아니라 페인트에도 연잎 효과를 응용할 수 있어. 연잎 효과가 있는 페인트를 건물 외벽이나 자동차에 칠하면 청소나 세차를 하지 않아도 늘 깨끗한 상태를 유지할 테니까 아주 편리하겠지? 또 전자 기기 표면에 나노 돌기 구조의 물질을 코팅하면 물을 떨어뜨려도 물이 전자 기기를 적시지 않고 물방울이 되어 떨어져 나갈 거야."

"오, 그런 날이 빨리 오면 좋겠어요!"

"그런데 나노 과학을 이용할 때 꼭 기억해야 할 게 있어. 나노 물질이 우리 몸이나 환경에 해

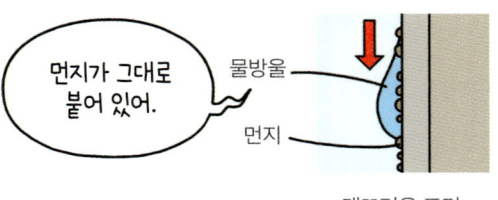

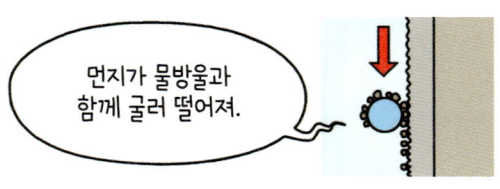

▲ 연잎 효과가 있는 페인트로 표면을 칠하여 깨끗한 상태를 유지해.

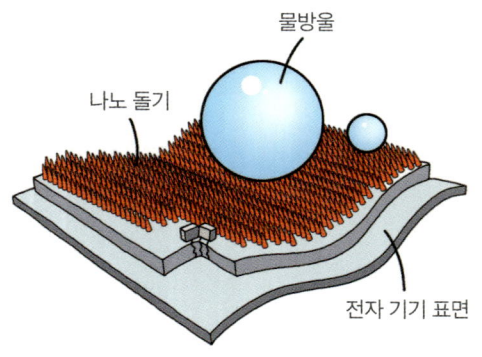

▲ 표면을 나노 돌기로 코팅하여 물에 젖지 않게 해.

로울 수도 있다는 거야."

용선생의 말에 아이들이 깜짝 놀란 표정을 지었다.

"나노 입자는 크기가 매우 작아서 잘못하여 들이마시기라도 하면 혈관을 따라 뇌 등 사람 몸속 곳곳으로 쉽게 들어갈 수 있어. 게다가 사람 몸뿐 아니라 환경을 오염시킬 수도 있지."

"나노 물질은 좋은 점만 있는 게 아니라 위험한 면도 있네요."

"맞아. 어쨌든 나노 과학은 지금도 계속 발전하고 있고 우리 미래에 커다란 영향을 끼치게 될 거야."

"저도 빨리 어른이 돼서 나노 과학에 대해 연구하고 싶어요!"

나선애가 두 손을 모으며 말했다.

"청소를 안 해도 되는 방법부터 연구하면 안 되겠니?"

장하다가 애원하듯 말하자 아이들이 웃음을 터뜨렸다.

나노 선크림은 이산화 타이타늄이나 산화 아연 나노 입자를 이용해. 연잎은 표면을 덮고 있는 나노 돌기 때문에 늘 깨끗한 상태를 유지하는데, 이를 옷의 소재, 전자 기기의 코팅, 페인트 등에 이용할 수 있어.

나선애의 정리노트

1. 나노 물질
① ⓐ _____ (n): 단위 앞에 붙어 $\frac{1}{10억}$을 뜻함.
- 1 nm = ⓑ _____ m
② 나노 물질: 어느 한쪽의 길이가 대략 100 nm 이하인 물질
> 예) 풀러렌, 탄소 나노 튜브, 그래핀, 이산화 타이타늄 나노 입자 등
③ 크기가 작아지면 새로운 현상이 나타남.

2. 주사 탐침 현미경
① 나노 물질을 연구하는 도구로, 뾰족한 탐침으로 재료의 표면을 훑어 원자가 늘어선 모습을 알아냄.
② 주사 터널링 현미경과 원자힘 현미경이 있음.

3. 나노 과학의 이용
① ⓒ _____ 나노 입자: 선크림에 쓰이고, 건물 벽 등에 때가 묻거나 세균이 번식하는 것을 막는 데 쓰임.
② ⓓ _____ 효과의 이용: 옷의 소재, 전자 기기의 코팅, 페인트 등에 이용하면 표면이 물에 젖지 않고, 청소를 하지 않아도 깨끗한 상태를 유지하게 할 수 있음.

ⓐ 나노 ⓑ $\frac{1}{10억}$ ⓒ 이산화 타이타늄 ⓓ 연잎

 과학퀴즈 달인을 찾아라!

●정답은 111쪽에

01

친구들이 이번 시간에 배운 내용에 대해 이야기하고 있어. 옳으면 ○, 옳지 않으면 ×를 표시해 줘.

① 나노는 $\frac{1}{10억}$ 을 뜻해. (   )

② 크기가 작아져 나노 물질이 되어도 물질의 성질은 변하지 않아. (   )

③ 연잎 효과를 이용하면 물에 잘 젖는 옷을 만들 수 있어. (   )

02

아래 물질들을 크기가 작은 것부터 큰 순으로 차례대로 연결하면 어떤 모양이 나온대. 무슨 모양인지 그려 봐.

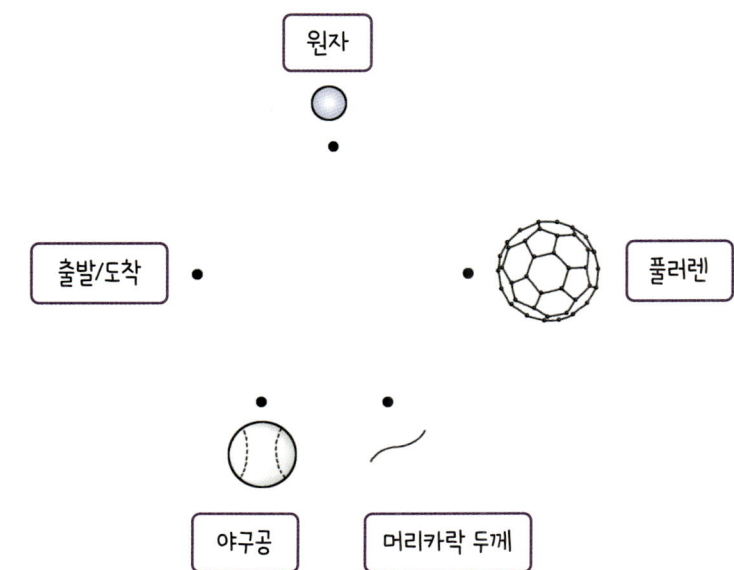

가로세로 퀴즈

여러 가지 물질에 관한 가로세로 퀴즈야. 빈칸을 채워 봐.
띄어쓰기는 무시해도 돼.

가로 열쇠	① 금속에 다른 원소를 합쳐 만든 물질 ② (−)전하를 띠고, 원자핵 주위를 움직이는 입자 ③ 강철에 크로뮴을 섞어 녹슬지 않게 만든 물질 ④ 탄소로 이루어졌으며, 연필심에 쓰이는 물질 ⑤ 단위 앞에 붙어 $\frac{1}{10억}$ 을 뜻함. ⑥ 물이 수소와 산소로 분해되어 원소가 아님을 밝힌 과학자 ⑦ 원자핵과 전자로 이루어졌으며, 물질을 이루는 기본 입자
세로 열쇠	❶ 금속보다 가볍고, 전기가 통하지 않고, 다양한 모양으로 만들기 쉬운 물질의 종류. 수많은 단위체가 모여 이루어짐. ❷ 두드리면 얇게 펴지고, 잡아당기면 길게 늘어나고, 자유 전자가 있어 전기가 잘 통하는 물질의 종류 ❸ 물질이 갖는 전기적 성질로, 전기와 관련된 모든 현상을 일으키는 원인 ❹ 철에 탄소 등을 더해 단단하게 만든 물질 ❺ 빗물이 물방울을 이루어 먼지와 함께 굴러떨어져 ○○이 항상 깨끗한 상태를 유지하는 것을 ○○ 효과라고 함. ❻ 탄소로 이루어진 나노 물질로, 흑연 한 층을 관 모양으로 말아 놓은 구조를 하고 있음. ❼ 탄소로 이루어졌으며, 매우 단단하고 전기가 통하지 않는 물질 ❽ 더 이상 분해되지 않으면서 물질을 이루는 기본 성분

●정답은 111쪽에

교과서 속으로

초등 3학년 1학기 과학 | 물질의 성질

물체는 어떤 재료로 만들어졌을까?

- **물질**
  - 물체를 만드는 재료
  - 금속, 플라스틱, 고무, 나무, 유리, 종이, 섬유 등이 있다.
    ↳ 자물쇠, 못, 열쇠는 금속으로 만들어졌다.
    ↳ 장난감 블록, 탁구공은 플라스틱으로 만들어졌다.
    ↳ 고무줄, 풍선, 지우개는 고무로 만들어졌다.

 가위는 금속과 플라스틱 두 종류의 물질로 만들어졌어!

초등 3학년 1학기 과학 | 물질의 성질

여러 가지 물질에는 어떤 성질이 있을까?

- **금속의 성질**
  - 광택이 있고, 나무보다 무겁다.
  - 다른 물질보다 단단하다.
- **플라스틱의 성질**
  - 금속보다 가볍다.
  - 다양한 모양의 물체를 다른 물질보다 쉽게 만들 수 있다.

 금속은 전기가 잘 통하고, 플라스틱은 전기가 안 통해!

중 2학년 과학 | 물질의 구성

물질을 이루는 기본 성분

- **원소**
  - 더 이상 분해되지 않으면서 물질을 이루는 기본 성분
  - 원소는 종류에 따라 성질이 다르다.
- **원소의 종류**
  - 수소, 산소, 철, 구리, 금, 탄소 등이 있다.
  - 지금까지 알려진 원소의 종류는 118 가지이다.

 물이 원소가 아니라는 걸 밝혀낸 사람은 라부아지에야!

중 2학년 과학 | 물질의 구성

물질을 이루는 기본 입자

- **원자**
  - 물질을 이루는 기본 입자
  - 원자는 더 작은 입자인 원자핵과 전자로 이루어졌다.
- **원자핵과 전자**
  - 원자핵은 (+)전하를 띠고, 원자의 중심에 있다.
  - 전자는 (-)전하를 띠고, 원자핵 주위에서 움직인다.

 원자핵은 원자 질량의 대부분을 차지해!

찾아보기

강철 48-49, 50-52, 88
고분자 물질 72
규소 17, 25
그래핀 85-86, 88-89, 94-95, 104
금속 14-15, 22, 40-45, 47-52, 54-55, 61-62, 78, 98
나노 92-94, 96, 99-104
나노 과학 93-96, 99, 102-104
나노 물질 94-97, 99, 102-104
나노 입자 95-96, 100, 103-104
납 54
다이아몬드 76-84, 86
단위체 60-62, 65, 68, 70, 72-73
돌턴 19
두랄루민 51-52
라부아지에 17-18
러더퍼드 31-33
물체 13-15, 22, 30, 42, 62, 78, 80, 95
베이클라이트 63, 70
보일 16, 18
산소 16-18, 20-22, 24-25, 30-31, 46-47, 49-50, 61, 100
산화 아연 100, 103
수소 16-18, 20-22, 24, 30-31, 34-35, 60-61
수은 42-43, 54-55
스타이로폼 65-66, 70
스테인리스강 49, 51-52

아리스토텔레스 16-18
양성자 33-35
연잎 효과 101-102, 104
염소 18, 25
원소 16-20, 22, 24-25, 48, 51-52, 61-62, 76-77, 80
원자 19-22, 28-36, 43-45, 52, 80-83, 85-86, 88-89, 94-95, 97-99, 104
원자핵 29, 31-36
원자힘 현미경 98-99, 104
이산화 타이타늄 100, 103-104
자유 전자 43-45, 52, 61-62
전류 44, 78, 98-99
전자 29-31, 33-36, 43-44, 52
전하 29-36, 44
주사 탐침 현미경 97-99, 104
주사 터널링 현미경 97-99, 104
중성자 33-35
질소 16, 18, 22, 24, 61
청동 47-48, 51-52
칼슘 17, 25
탄소 16, 18, 20, 22, 25, 34-35, 46, 48, 51, 52, 60-61, 77, 79-86, 88, 95
탄소 나노 튜브 85-86, 88-89, 94-95, 104
톰슨 30-31, 33
페트 59, 64-66, 68-70, 72-73

폴리스타이렌(PS) 65
폴리에스터 72-73
폴리에틸렌(PE) 64-66, 69-70
폴리염화비닐(PVC) 63, 66-70
풀러렌 83-86, 88, 94-95, 104
플라스틱 14-15, 22, 25, 58-70, 72-73
합금 48-52
합성 섬유 72-73
합성수지 63
환경 호르몬 67, 70
흑연 77-86, 88-89
nm(나노미터) 94-97, 100-101, 104

퀴즈 정답

1교시

01 ① ○   ② ○   ③ ✕

02

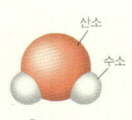

힌트1	물 입자는 **2**가지 원소로 이루어졌어.
힌트2	물 입자는 수소 원자 **2**개와 산소 원자 **1**개로 이루어졌어.
힌트3	물 입자는 모두 **3**개의 원자로 이루어졌어.

👉 알았다! 비밀번호는 **2** **2** **1** **3** (이)야!

2교시

01 ① ○   ② ✕   ③ ✕

02

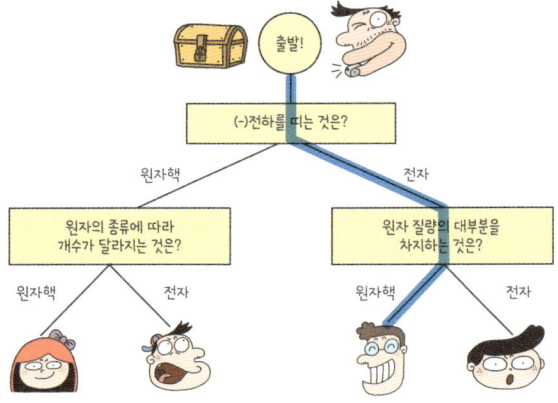

3교시

01 ① X   ② O   ③ O

02

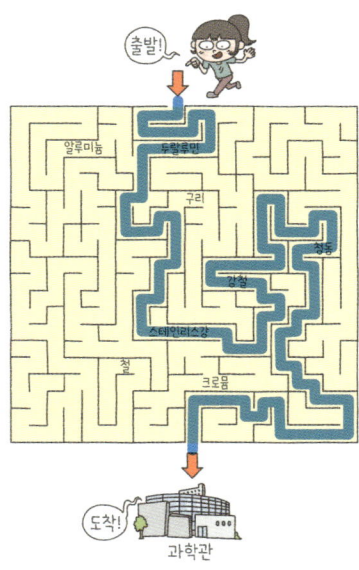

4교시

01 ① O   ② X   ③ O

02

힌트
① 페 트 는 주로 음료수병 몸체에 쓰이는 플라스틱이야.
② PVC를 부드럽게 하기 위해 첨가하는 물질은 환 경 호 르 몬 이어서 몸에 해로워.
③ 마트에서 물건 등을 담을 때 쓰이는 플라스틱이야. 비 닐 봉지

현	무	좀	약	강	페
환	청	비	닐	철	트
상	경	기	도	구	리
가	왕	호	금	포	청
유	리	주	르	켓	동
제	다	이	아	몬	드

5교시

01   ①X   ②O   ③O

02

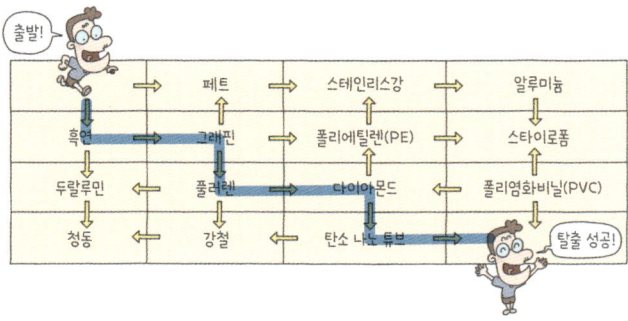

6교시

01   ①O   ②X   ③X

02

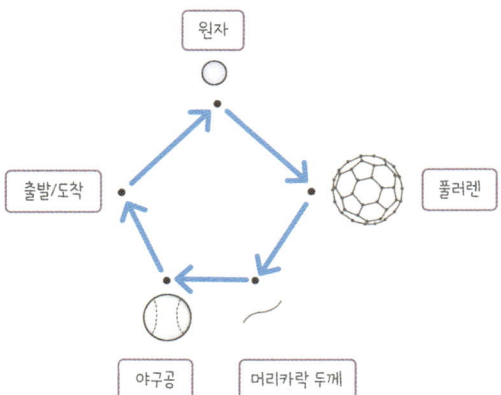

가로세로 퀴즈

❶플					①합	❷금		②❸전	자
라						속		하	
❸스	테	인	리	스	❹강				
틱					철			④흑	❺연
	❻탄								잎
	소				❼다				
	나				이				
⑤나	노		⑥라	부	아	지	에		
	튜				몬			⑦❽원	자
	브				드			소	

일러두기

· 맞춤법과 띄어쓰기는 국립국어원에서 펴낸 《표준국어대사전》을 따랐습니다.
· 과학 용어 표기는 《2015 개정 교육과정에 따른 교과용도서 개발을 위한 편수자료Ⅲ 기초과학, 정보 편》을 따랐습니다.
· 이 책에 실린 사진은 저작권자로부터 사용 허가를 받았습니다. 저작권자와 접촉하기 위해 최선을 다했으나 불가피한 사정으로 사용 허가를 받지 못한 일부 사진에 대해서는 저작권자와 연락이 닿는 대로 게재 허락을 받고 사용료를 지불하겠습니다.
· 이 책에 실린 그림의 저작권은 별도의 표기가 없는 한 사회평론에 있습니다.

사진 제공

19쪽: 퍼블릭도메인 | 30쪽: World History Archive(Alamy Stock Photo) | 32쪽: 퍼블릭도메인 | 42쪽: 이미지파트너스 | 46쪽: Stahlkocher(wikimedia commons_CC3.0) | 48쪽: 국립중앙박물관(공공누리저작물) | 54쪽: Alchemist-hp(wikimedia commons_CC3.0), 퍼블릭도메인, Wolfgang Sauber(wikimedia commons_CC3.0) | 69쪽: 이미지파트너스 | 78쪽: 이미지파트너스, Science Photo Library(Alamy Stock Photo), Mark Collinson(Alamy Stock Photo) | 89쪽: 퍼블릭도메인 | 96쪽: Aleksandar Kondinski(wikimedia commons_CC4.0) | 98쪽: Rickinasia(wikimedia commons_CC4.0), IBM RESEARCH(SCIENCE PHOTO LIBRARY) | 그 외: 셔터스톡

용선생의 시끌벅적 과학교실 | 여러 가지 물질

1판 1쇄 발행	2022년 7월 26일
1판 4쇄 발행	2025년 1월 20일
글	이명화, 김형진, 설정민
그림	김인하, 뭉선생, 윤효식
감수	노석구
캐릭터	이우일
어린이사업본부	이승필
책임편집	이건혁
편집	정세민, 이명화, 홍지예, 김미화, 최예리, 윤성진
마케팅	윤영채, 정하연, 안은지, 박찬수
경영지원본부	나연희, 주광근, 오민정, 정민희, 김수아, 김승현
아트디렉터	강찬규
디자인	가필드
사진	이미지파트너스
펴낸이	윤철호
펴낸곳	(주)사회평론
전화	02-326-1182
팩스	02-326-1626
주소	03993 서울시 마포구 월드컵북로6길 56 사평빌딩
출판등록	1993년 10월 6일 제 10-876호

© 사회평론, 2022

ISBN 979-11-6273-231-1 73400

· 이 책 내용의 일부나 전부를 다시 사용하려면 저작권자와 사회평론의 동의를 받아야 합니다.
· 잘못 만들어진 책은 바꾸어 드립니다.

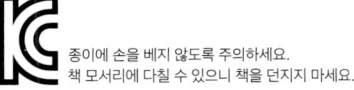
종이에 손을 베지 않도록 주의하세요.
책 모서리에 다칠 수 있으니 책을 던지지 마세요.